I0166308

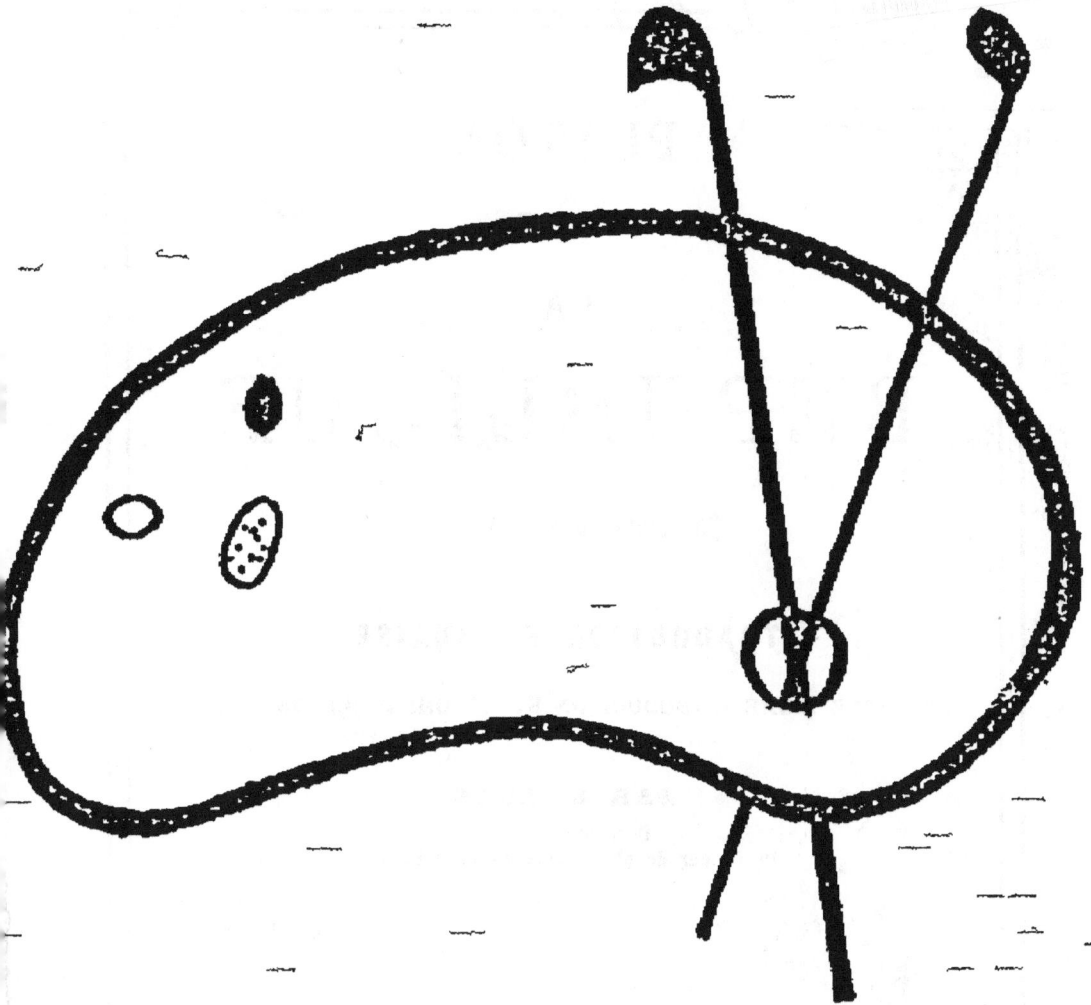

COUVERTURE SUPERIEURE ET INFERIEURE
EN COULEUR

INVENTAIRE
*E 5067

PLATON

LA RÉPUBLIQUE

(SEPTIÈME LIVRE)

TRADUCTION FRANÇAISE

PRÉCÉDÉE D'UNE INTRODUCTION ET ACCOMPAGNÉE DE NOTES

PAR B AUBÉ

Docteur ès lettres
Professeur de philosophie au lycée Fontanes

PARIS

LIBRAIRIE HACHETTE ET Cie

79, BOULEVARD SAINT-GERMAIN, 79

1874

TRADUCTIONS FRANÇAISES
DES PRINCIPAUX AUTEURS CLASSIQUES GRECS

ARISTOPHANE : *Morceaux choisis.* Traduction de M. Poyard.... 3 fr.
— *Plutus.* Trad. de M. Cattant, 2 fr.

ARISTOTE : *Poétique.* Traduction de M. Egger.... 1 fr. 25 c.

BABRIUS : *Fables.* Traduction de M. Sommer.... 1 fr. 75 c.

CHRYSOSTOME (S. JEAN) : *Homélie en faveur d'Eutrope,* Traduction de M. Sommer.... 50 c.

DÉMOSTHÈNE : *Discours contre la loi de Leptine.* Traduction de M. Stievenart.... 2 fr.
— *Harangue sur les prévarications de l'ambassade.* Traduction du même auteur.... 2 fr. 50 c.

ÉLIEN : *Morceaux choisis,* Traduction de M. J. Lemaire.... 2 fr. 50 c.

ÉPICTÈTE : *Manuel.* Traduction de Fr. et Ch. Thurot.... 1 fr.

ESCHINE : *Discours contre Ctésiphon.* Traduction d'Auger, revue. 2 fr. 50 c.

ESCHYLE : *Prométhée enchaîné.* Trad. de MM. Ph. Le Bas et Th. Fix. 2 fr.

EURIPIDE : *Électre.* Traduction de M. Theobald Fix.... 2 fr. 50 c.
— *Hippolyte,* Trad. du même. 2 fr. 50 c.
— *Iphigénie en Aulide.* Traduction de MM. Th. Fix et Ph. Le Bas.... 2 fr.

HOMÈRE : *Odyssée,* Traduction nouvelle de M. Sommer. 2 vol. 4 fr. 50 c.

ISOCRATE : *Archidamus.* Traduction de M. C. Leprévost.... 1 fr.
— *Conseils à Démonique.* Traduction du même auteur.... 60 c.
— *Éloge d'Évagoras.* Traduction de M. Ed. Menouard.... 1 fr.
— *Panégyrique d'Athènes.* Traduction d'Auger.... 1 fr. 75 c.

LUC (S.) : *Évangile.* Traduction de de Sacy.... 2 fr.

LUCIEN : *Dialogues des morts.* Traduction de M. C. Leprévost. 1 fr. 50 c.

PÈRES GRECS (choix de discours, de morceaux et de lettres, tirés des) Trad. nouv. de M. Sommer 7 fr. 50 c.

PINDARE : Traduction de M. Sommer.
— *Isthmiques* (les).... 2 fr.
— *Néméennes* (les).... 2 fr. 50 c.
— *Olympiques* (les).... 3 fr.
— *Pythiques* (les).... 3 fr.

PLATON : *Apologie de Socrate.* Traduction de F. Thurot.... 1 fr. 25 c.
— *Criton.* Traduction de M. Ch. Waddington.... 90 c.

— *Gorgias.* Traduction de M. F. Thurot, sans le texte.... 1 fr. 60 c.
— *Phédon.* Traduction du même.... 2 fr.
— *République,* 7e livre. Traduction de M. Aubé.

PLUTARQUE : *De la lecture des poètes.* Trad. de M. Aubert. 1 fr. 75 c.
— *Vie d'Aristide,* Traduction de M. Talbot.... 1 fr. 75 c.
— *Vie de César.* Trad. de Ricard. 2 fr.
— *Vie de Cicéron.* Traduction de M. Sommer.... 2 fr.
— *Vie de Démosthène.* Traduction de Ricard.... 1 fr. 50 c.
— *Vie de Marius.* Traduction de Ricard.... 2 fr.
— *Vie de Pompée.* Traduction de Ricard.... 2 fr. 50 c.
— *Vie de Solon,* Traduction de Ricard.... 1 fr. 75 c.
— *Vie de Sylla,* Traduction de Ricard.... 2 fr.
— *Vie de Thémistocle.* Traduction de M. Talbot.... 1 fr. 75 c.
— *Les Grecs illustres,* Traduction sans le texte, des Extraits publiés par M. Talbot.... 2 fr.
— *Les Romains illustres.* Traduction sans le texte, des Extraits publiés par M. Talbot.... 2 fr.
— *Morceaux choisis des Œuvres morales,* Traduction, sans le texte, du Recueil publié par M. Bétolaud. 2 fr.

SOPHOCLE : *Ajax,* Traduction de M. Bellaguet.... 2 fr. 50 c.
— *Antigone.* Trad. du même.... 2 fr.
— *Électre.* Traduction du même, 2 fr.
— *Œdipe à Colone.* Traduction du même.... 2 fr.
— *Œdipe roi.* Trad. du même. 1 fr. 50 c.
— *Philoctète.* Trad. du même. 2 fr.
— *Trachiniennes* (les). Traduction du même.... 2 fr. 50 c.

THÉOCRITE : *Œuvres complètes.* Traduction de M. L. Renier.... 4 fr.

THUCYDIDE : *Guerre du Péloponnèse,* livre II. Trad. de l'évêque. 2 fr. 50 c.

XÉNOPHON : *Anabase,* Traduction de M. Talbot.... 5 fr.
— *Apologie de Socrate.* Traduction de M. C. Leprévost.... 50 c.
— *Entretiens mémorables de Socrate.* Traduction, sans le texte, de M. Sommer.... 1 fr. 75 c.
— *Morceaux choisis.* Traduction, sans le texte, du Recueil publié par M. de Parnajon.... 2 fr.

Typographie Lahure, rue de Fleurus, 9, à Paris.

PLATON

LA

RÉPUBLIQUE

(SEPTIÈME LIVRE)

TRADUCTION FRANÇAISE

5067

7016.

A LA MÊME LIBRAIRIE :

PLATON. *La République, septième livre,* texte grec publié avec une introduction et des notes en français par M. AUBE. 1 volume, petit in-16, cartonné.

Typographie Lahure, rue de Fleurus, 9, à Paris.

PLATON

LA
RÉPUBLIQUE
(SEPTIÈME LIVRE)

TRADUCTION FRANÇAISE

PRÉCÉDÉE D'UNE INTRODUCTION ET ACCOMPAGNÉE DE NOTES

PAR B. AUBÉ

Docteur és lettres
Professeur de philosophie au lycée Fontanes

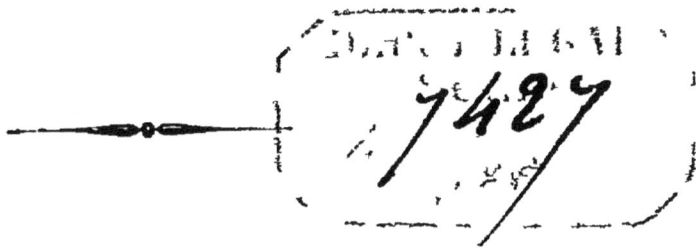

7427

PARIS

LIBRAIRIE HACHETTE ET Cie

79, BOULEVARD SAINT-GERMAIN, 79

1874

AVANT-PROPOS.

C'est la première fois qu'on prescrit pour les classes de philosophie de nos lycées et de nos colléges l'étude d'un livre de la *République* de Platon. On a choisi le VIIe livre, qui débute par la célèbre allégorie de la caverne. On ne pouvait en choisir un autre qui contînt de plus hautes leçons de métaphysique et de morale. Il n'en est pas un qui offre à la méditation un plus noble et plus solide aliment. Peut-être cet aliment est-il un peu fort pour des intelligences de dix-huit ans. Platon, dans ce livre même, souhaite qu'on attende un peu pour initier les esprits aux sévères enseignements de la philosophie. Il craint l'abus d'une certaine fausse dialectique qu'il décrit avec finesse. « Les petits jeunes gens, dit-il à peu près, quand ils ont goûté du raisonnement, en sont comme grisés, et on les voit harceler et mordre tous ceux qu'ils rencontrent. » Qui ne connaît les jeunes ergoteurs, et l'intrépidité de bonne opinion qu'ils ont d'eux-mêmes, et leur manie d'argumenter à tort et à travers et de prendre le contre-pied de tout ce qu'on dit? Indirectement, Platon recommande aux jeunes élèves de sa *République* la docilité et la discipline. C'est un conseil qui convient à tous les temps.

Il y a fort peu de politique dans le VIIe livre de la *République*. Il importe, du reste, qu'on ne s'abuse pas sur l'étiquette de cet ouvrage. République veut dire, pour Platon, État constitué, mais non pas État démocratique. Platon est partisan du gouvernement des meilleurs, c'est-à-dire des plus éclairés et des plus honnêtes. Il n'aime pas l'État populaire. Il a un profond mépris pour cette forme de gouvernement où les ambitions sont déchaînées, où le pouvoir est une proie qu'on se dispute, où l'autorité est mise aux enchères de la ruse et de l'intrigue ou à l'aventure du sort aveugle. Il plaint les sociétés où les besoigneux considèrent l'État comme une mine à exploiter, et prétendent mettre la main sur lui pour s'y assouvir. Là aussi, discrètement et en passant, il a semé des pensées qui ne paraissent pas seulement bonnes à méditer pour les Athéniens du commencement du quatrième siècle avant notre ère.

Il y a quelque prétention à annoncer une traduction « nouvelle » d'un fragment de Platon. Depuis Ficin et surtout depuis le commencement de ce siècle, les œuvres de Platon ont été l'objet de tant de travaux qu'on ne peut se flatter de ne passer sur les traces de personne quand on publie quelques pages du fondateur de l'Académie. Victor Cousin, quand il fit sa traduction, avait sous les yeux celle de l'abbé Grou, publiée plus de trente ans auparavant, et ce dernier en avait une autre. Nous nous sommes, nous aussi, servi de tous les travaux de nos devanciers. C'est l'avantage de ceux qui arrivent les derniers. Mais nous avons travaillé, les yeux fixés sur le texte, et ceux qui auront la curiosité d'y regarder de près verront peut-être que nous avons, en plusieurs endroits, modifié le sens que Victor Cousin avait adopté après Grou. Au public lettré de décider si notre faible originalité ne coûte rien à Platon.

Une Introduction en trois parties précède notre traduction. La première partie explique le but et l'objet de la *République*. La seconde donne une analyse rapide et impersonnelle des dix livres de l'ouvrage.

La troisième partie est une esquisse de la dialectique et de la théorie des *idées* de Platon. La matière est ardue et encore l'objet de controverses. Nous avons fait effort pour être clair et exact. La pensée de Platon est souvent fuyante et difficile à fixer. Nombre de passages se contredisent sur des points essentiels. La poésie, dans ses œuvres, se mêle aux expositions philosophiques, et celles-ci sont fréquemment coupées de digressions. La ligne droite n'est pas, pour Platon, la route qu'il préfère. Il va par circuits et zigzags. Prêter à sa philosophie une rigueur systématique, c'est peut-être en donner une idée fort infidèle, c'est en altérer certainement la forme et peut-être aussi le fond. Nous avons essayé de nous garder de ce défaut, sans nous refuser la liberté de l'interprétation et de la critique.

B. A.

29 septembre 1874.

INTRODUCTION.

PREMIÈRE PARTIE.

OBJET DE LA RÉPUBLIQUE DE PLATON.

Olympiodore dans ses *Prolégomènes sur la doctrine de Platon* explique en quelques phrases, qu'on voudrait plus claires, que pour comprendre les écrits où Platon parle d'organisation sociale[1], il faut considérer tout d'abord qu'il y a trois espèces ou types d'État : 1° l'État où l'on réforme les lois et les coutumes en vigueur ; 2° l'État où l'on crée une législation et des coutumes sans rien supposer, et sans travailler sur des faits existants ; 3° l'État où il n'y a ni législation ni coutumes, parce qu'il n'y a nul intérêt séparé à régler et où l'éducation suffit. Cette dernière forme d'État, il l'appelle τὸ ἀνυπόθετον, mot technique peut-être dans la phraséologie néoplatonicienne, difficile à traduire par un équivalent français et qui signifie une société non constituée et sans lois.

« Platon, ajoute Olympiodore, traite dans ses *Lettres* de l'État réformé, dans ses *Lois* de l'État

---

[1] « Il faut proposer la meilleure forme de gouvernement, puis une seconde, puis une troisième, et laisser le choix à qui il appartient de décider. » (Platon, *Lois*, V.)

constitué, et dans sa *République* de l'État sans constitution. Telle est peut-être aussi, la trilogie sociale à laquelle il fait allusion au cinquième livre des Lois[1].

La *République* de Platon est restée en effet le type d'un Etat sorti tout entier du cerveau d'un penseur, création sans modèle et sans analogue, et que, selon Platon lui-même, qui le reconnaît non sans un secret dépit[2], on ne saurait établir et faire descendre dans la pratique. De là les *Lois*, esquisse d'une cité plus humaine, type inférieur et dégénéré aux yeux du divin philosophe, et mieux accommodé à nos inguérissables faiblesses. La *République*, et sur ce point Olympiodore a raison, n'emprunte rien à aucune institution existante, ne suppose aucune organisation préalable. Si Platon, en quelque point de son œuvre, paraît avoir songé à plusieurs institutions des cités d'origine dorienne, il ne s'est pas attaché à les imiter servilement. Sa création est tellement libre, que, pour sa *République*, il lui faut des hommes qui

---

1. Olympiodori *Prolegomena de Platonis doctrina*, Biblioth. grecq. de Firmin Didot, *OEuvres de Plat.*, t. III, p. 274. Peut-être ce texte d'Olympiodore est-il une réponse à une question posée par Victor Cousin, page IV de son argument des *Lois*, à propos de ces quelques lignes : « Quel est le troisième État, dit Cousin, inférieur aux deux premiers, et dont Platon promet plus tard d'exposer le plan si Dieu le lui permet? Nous l'ignorons. La mort a empêché Platon de par-

courir le cercle entier de ses travaux politiques, et l'ouvrage qui devait achever la trilogie sociale qu'il avait entreprise est resté dans sa pensée, sans laisser aucune autre trace que celle que nous venons de signaler. »

On peut s'étonner aussi qu'Olympiodore ne parle pas ici du *Critias*, resté incomplet, il est vrai, mais qui, dans la pensée de Platon, devait être comme un complément mythique de la *République*.

2. *Lois*, V, édition Didot, p. 341, l. 45 et suiv.

n'aient rien de commun avec ceux de son temps
ni d'aucun temps, et comme une génération nouvelle née une seconde fois des dents du serpent
de Cadmus. La cité des *Lois*, au contraire, repose
sur une constitution établie. Elle emprunte aux
organisations sociales au moins la famille et la
propriété, auxquelles Platon, par goût de l'unité,
n'avait pas donné place dans sa *République*.
Olympiodore, dans le passage auquel nous faisons allusion plus haut, ne paraît pas mettre en
doute que le dessein de Platon dans son ouvrage
ne soit purement politique.

Or la question est fort controversée parmi les
critiques de savoir quel est l'objet que le disciple
de Socrate s'est proposé dans sa *République*[1]. Les
uns, s'attachant à la question introduite dès le
début, et à laquelle Platon revient à la fin après
un de ces longs circuits qui lui sont ordinaires et
qu'explique la liberté du dialogue, ont prétendu
qu'il s'agissait uniquement, au fond, de déterminer la nature de la justice. Les autres, considérant le premier livre et le commencement du second comme un simple préambule et, si l'on peut
dire, comme un prélude; frappés, d'autre part,
de la place que Platon donne dans son livre aux
détails d'organisation de sa cité, et de la difficulté
d'ajuster tant de détails spéciaux et techniques,
en quelque sorte, avec l'examen théorique de la
nature de la justice, ont soutenu que le titre de

1. Kleuker, *Præfatio ad Politiam Platonis*. — Tiedemann, *Argumenta Dialogorum Platonis*. — Morgenstern, *Comment. de Platon. Rep.* — Tennemann, *System. philosoph. Plat.* — Schleiermacher, *Opp. Plat.* vol. III. — Reitigius, *Prolegg. ad Plat. Remp.* — Steinhart, *Præf. ad Hieron. Mülleri interpret. German. Plat. philos,* vol. II, p. 4.

l'ouvrage, celui que Platon lui a donné, et qui est
le seul sous lequel les anciens l'ont connu, en
marque le caractère et la signification, et en donne
la clef. Ce titre est περὶ Πολιτείας, *de la République*. Le sous-titre περὶ Δικαίου, *du Juste*, est apo-
cryphe et relativement moderne.

Les premiers opposent aux autres à peu près la
moitié de l'œuvre totale, qui roule en effet sur la
justice. Les seconds allèguent l'autre moitié, et un
peu plus de la moitié, qui porte sur la description
d'une cité idéale et sur son organisation.

Peut-être convient-il de laisser ces points de
vue exclusifs pour en chercher un plus large où
puisse se faire la conciliation des deux opinions opposées. Car de compter les lignes et
de peser l'importance des passages où il s'agit de
la définition du juste et de ceux qui sont consa-
crés à la description d'une société civile accomplie[1], est un travail oiseux et qui ne saurait conduire à aucune solution définitive qui tranchât la
question dans un sens ou dans l'autre.

Prétendre, d'autre part, que le génie de Platon
répugnait à la pratique, et que, bien qu'il se fût
essayé à légiférer[2], il ne se put jamais prendre
au sérieux dans ce rôle; qu'il devait savoir que
les principes s'abaissent en descendant dans les

---

[1]. Καλλίπολις (*Rép.*, VII);
ἀγαθὴ πόλις (*Rép.*, V).

[2]. L'espérance de voir quel-
ques-unes de ses théories politiques mises en pratique par un
chef d'État ramena Platon en
Sicile en 367, malgré les mésa-
ventures d'un premier voyage.
A Syracuse il trouva Denys le
Jeune, prince très-épris de philosophie, d'un caractère brouil-
lon et capricieux. Denys, jaloux
de l'amitié de Platon pour Dion,
exila ce dernier. Platon eut
quelque peine à obtenir la liberté de se retirer. Il caressa
longtemps la pensée et le rêve
de former des princes philosophes, mais il ne fut pas heureux
dans les expériences qu'il tenta

faits[1] ; que les tentatives mêmes auxquelles il se laissa aller de conseiller les princes et les cités lui réussirent trop peu pour le détourner de ses pures et sereines contemplations ; que, par conséquent, la politique doit être mise au second plan dans la *République ;* que cette construction d'une cité idéale n'est pour lui qu'un cadre où l'important est le tableau même, à savoir les idées qu'il y a semées ou étendues d'un si riche pinceau, sur la morale, la métaphysique, l'éducation, les principes moraux de la vie privée et de la vie publique : c'est se payer d'une phraséologie un peu vague. Platon n'a pas pour l'expérience et les choses de la vie pratique ce dédain transcendant dont quelques-uns lui ont fait un mérite et quelques autres un reproche. On peut dire en effet que ce qui importe le plus pour nous dans la *République,* c'est moins l'État imaginaire dont le divin philosophe a tracé le plan et dessiné les traits, si contestables et parfois si choquants pour nous, que tant de vues hautes, pures et solides, que les principes de toute sa philosophie épars dans tous ses grands dialogues, comme le *Théétète,* le *Philèbe,* le *Phédon,* le *Gorgias* et surtout le *Phèdre* et le *Parménide,* et dont il nous présente ici la synthèse. Mais après cela la question reste entière : Quel est l'objet propre de la *République ?*

Nous avons dit qu'il y a un point où l'opinion de ceux qui proposent l'étude de la justice et de la vertu individuelle comme l'objet de la *Répu-*

---

1. « Crois-tu qu'un peintre en fût moins habile, si après avoir peint le plus beau modèle d'homme qui se puisse voir et donné à chaque trait la dernière perfection, il était incapable de prouver que la nature peut produire un homme semblable ?... N'est-il pas dans la nature des choses que l'exécution approche moins du vrai que le discours ? » (*République,* V.)

blique, et l'opinion de ceux qui prétendent que
cet objet est la description d'un État politique parfait, pouvaient être conciliées. La justice, en effet,
est la règle de la vie individuelle et la règle de la
vie civile. Les mœurs sont dans la cité ce qu'elles
sont chez l'individu, et chez l'individu ce que
les font les institutions de la cité. Que la philosophie qui, cultivée et pratiquée par l'individu, le
fait homme de bien, soit mise au service d'une
société, la dresse et la forme sur le modèle de la
justice, on verra les fruits qu'elle produit chez
l'homme individuel. germer, fleurir et fructifier
dans la cité, y engendrer l'union, la concorde, la
vertu et le bonheur. On aura le spectacle d'une
société bien ordonnée. La justice qui doit présider
aux actions individuelles réglera dès lors tous les
rapports des citoyens. La vertu publique, sœur de
la vertu individuelle, née comme celle-ci de l'idée
du bien et la réalisant autant qu'il est possible,
établira dans l'État la félicité parfaite. La vie civile n'est en effet qu'une image agrandie de la vie
individuelle. Décrire l'une, c'est décrire l'autre.
Passer de l'une à l'autre n'est pas changer de sujet, c'est approfondir et étendre un même sujet.
Il n'y a pas une justice à l'usage de l'individu et
une autre à l'usage de l'État. Une seule règle,
une seule loi produit le même effet, la vie parfaite
et le bonheur dans la société civile. La justice est
cette règle et cette loi ; et la justice, c'est le concert des forces morales engendrant l'unité absolue
et parfaite. A supposer, donc, que la philosophie
sorte de l'ombre et se dégage du petit bruit des
écoles pour s'essayer dans le monde, et qu'elle en-
treprenne, à la lumière de l'idée du bien, de plan-
ter la justice dans un État, le tableau de la vie
excellente, parfaite et bienheureuse pour chacun

et pour tous qui en résulterait, c'est ce que Platon a voulu décrire. Platon, en effet, en vrai disciple de Socrate, ne sépare pas la vie juste de la vie heureuse, ni pour l'individu, ni pour un État; et prétend de même que, pour l'individu et pour l'État, la condition est d'autant plus fâcheuse et plus misérable que l'un et l'autre s'éloigne davantage de la justice, du type de la perfection et de l'idée du bien, modèle éternel que l'homme privé et les sociétés civiles doivent réaliser autant qu'il est possible. C'est pour cela que dans la *République* Platon s'est arrêté à peindre la condition de l'homme injuste et à décrire les formes politiques imparfaites, comme un peintre met des ombres à son tableau pour donner plus de relief et d'éclat aux parties lumineuses sur lesquelles il veut attirer les regards. Ainsi pour le disciple de Socrate, la philosophie est seule efficace à bien régler la vie privée et la vie publique : elle est l'école de l'homme d'État et la vraie science politique!

L'objet de Platon dans la *République* n'est donc particulièrement ni de déterminer la nature de la justice, ni de construire en l'air et par le seul effort de l'imagination un État parfait, mais d'expliquer en quoi consiste l'ordre dans la vie de l'individu et dans la vie civile. Cet ordre, ce type de perfection accomplie est le même dans la petite république de l'âme humaine et dans l'État. Dans le *Timée* et dans la *République*, Platon expose que l'âme humaine comprend trois parties, et, comme nous disons, trois facultés : l'intelligence (νοῦς), la colère (θυμός, τὸ θυμικόν) et le désir (ἐπιθυμία), et chacune de ces parties a son siége dans une partie du corps : l'intelligence ou la raison réside dans la tête comme dans une citadelle; la colère virile et généreuse dans la poitrine; le désir ou l'essaim tumultueux et incessamment agité des passions basses et des désirs grossiers s'agitent dans le bas-ventre, comme une bête féroce dans une crèche. Or chacune de ces parties de l'âme a sa vertu et sa fonction. La vertu de l'intelligence est la sagesse, sa fonction est de délibérer, de décider, de gouverner la vie. La vertu de la colère virile est le courage, lequel ne mérite ce nom que quand il est conforme à la sagesse, la force réglée étant seule la vraie force. La vertu du désir est la tempérance ou la modération. La fonction du courage est de se mettre au service de la sagesse et d'être pour ainsi dire l'exécutrice de ses arrêts. La fonction du désir est d'obéir de même à la raison et d'être tenu en laisse, bridé et maté par le courage. L'union, la concorde, ou pour mieux dire le juste concert de ces diverses parties de l'âme, demeurant chacune dans son rôle, sans empiéter sur les droits de la voisine, la subordination des parties inférieures et moins nobles aux parties supérieures et plus nobles, donne naissance à une vertu nouvelle; c'est la justice, laquelle est unité, harmonie, ordre parfait. Donc l'ordre dans la vie humaine c'est quand la raison règne et gouverne, quand le courage accepte son autorité, quand les passions sont modérées, réprimées, soumises de gré ou de force à l'empire de la raison souveraine.

Il en est de l'État comme de l'individu, d'une république collective comme de cette petite république que chacun de nous constitue. L'ordre, l'union, l'harmonie, la justice résultent dans l'État de la subordination volontaire ou forcée des éléments inférieurs aux éléments supérieurs. Là aussi on trouve les trois parties qui correspondent aux trois parties de l'âme humaine. Là aussi l'intelligence, le courage, le désir sont représentés par des classes d'hommes. Là aussi l'autorité, les fonctions du gouvernement appartiennent naturellement et légitimement aux sages, aux intelligents, lesquels, bien qu'initiés aux plus pures contemplations et estimant par-dessus toutes choses les hautes recherches de l'esprit, doivent cependant accepter comme un devoir de conseiller, de diriger, de gouverner les autres et de veiller aux grands intérêts de la communauté. La garde et la défense de la cité appartiennent à ceux qui dans l'État représentent la partie courageuse de l'âme. La nourriture de la cité et toutes les fonctions inférieures et nécessaires sont l'apanage de la classe la moins bien douée, des laboureurs et des artisans. La justice, c'est-à-dire l'unité et l'harmonie dans la cité, c'est quand chacune des trois classes garde sa place et remplit docilement sa fonction, quand les sages exercent l'autorité, qui est le droit de la raison, quand les soldats sont soumis aux sages, interprètes de la raison et de la loi, quand la multitude travailleuse mais ignorante et faite pour les arts et les métiers vulgaires demeure dans sa sphère. Si cet ordre est troublé, soit dans la vie individuelle, soit dans la vie civile et l'État, l'injustice sévit, et le désordre, les déchirements, les agitations, le malheur individuel ou général, en sont la suite et la conséquence nécessaires.

Lors donc que Platon après avoir, dans son premier livre et dans le commencement du second, discuté à la manière socratique au sujet de diverses définitions de la justice, — et la façon même dont cette discussion est conduite dans cette première partie de la *République* a fait croire à plusieurs critiques que le premier livre avait été composé avant les autres et appartenait à la jeunesse et à la première manière de Platon, —lorsque Platon, disons-nous, passe à la construction de sa cité, il ne change pas de sujet, il l'étend seulement. On connaît sa transition.

« Si l'on proposait, dit Socrate, à des personnes qui ont la vue basse, de lire de loin une inscription écrite en lettres minuscules et qu'elles apprissent que cette même inscription se trouve tracée ailleurs en gros caractères, il leur serait sans doute avantageux d'aller lire d'abord la grande inscription et de la comparer ensuite à la petite pour s'assurer qu'elles sont identiques. — Il est vrai, mais quel rapport avec la question présente? — Je vais te le dire : la justice ne se rencontre-t-elle pas dans un homme individuel et dans une société d'hommes? — Oui. — Mais une société est plus grande qu'un seul homme? — Assurément. — Par conséquent la justice pourrait bien s'y trouver écrite en caractères plus grands et plus faciles à lire. Ainsi, nous chercherons d'abord, si vous le trouvez bon, quelle est la nature de la justice dans les cités, puis nous l'étudierons en chaque particulier, et comparant ces deux espèces de justice, nous verrons la ressemblance de la petite à la grande, —C'est bien parler à mon avis. — Mais si nous examinions par la pensée la manière dont se forme un État, peut-être pourrions-nous découvrir comment la justice et l'injustice y prennent naissance. — Probablement [1]. »

Le cadre s'agrandit ici, mais ce n'est pas un nouveau sujet cousu au premier. Encore en effet

---

[1]. *République*, II.

qu'on puisse remarquer que le premier livre n'a ni l'ampleur ni la gravité du reste de l'ouvrage, que la discussion ressemble à ces escarmouches socratiques que Platon dans ses premiers dialogues a si vivement reproduites ou imitées, il n'y a entre ce qui précède et ce qui suit nulle rupture; nulle solution de continuité. Tout, au contraire, se tient et s'enchaîne à merveille, et le double tableau de l'ordre dans la vie individuelle et dans la vie collective de la cité se déroule, le second complétant le premier, car la cité n'est que l'homme agrandi; la perfection dans l'humanité collective est supérieure à la perfection de l'humanité individuelle, parce qu'elle présente dans sa plénitude la mise en œuvre de toutes les puissances morales de l'individu, et une plus haute réalisation de l'idée du Bien. Il faut noter encore ici que cette vertu, cette perfection, cette *idée* de l'homme et de la cité accomplis, cette justice individuelle et civile ne consistent pas, comme on dit, dans le respect des droits et dans le fait de ne blesser personne et de rendre à chacun ce qu'on lui doit, selon la définition vulgaire et déjà donnée du temps de Platon, mais dans l'exacte subordination des vertus et des fonctions morales et civiles produisant dans la vie et dans l'Etat l'ordre, l'harmonie et l'unité. Ainsi, la métaphysique fournit un principe à la morale et à la politique, et Platon applique au règlement des mœurs publiques et privées l'adage de l'antique sagesse νοῦν ἡγεμόνα ποιοῦ, fais en tout dominer la raison. Cette domination de la raison au sommet de la hiérarchie des vertus et des fonctions qu'elle règle, c'est précisément la justice pour Platon. En ceci il lui assigne une place à part parmi ces vertus enseignées déjà par les pythago-

riciens, expliquées par Socrate, et qui, d'Aristote
et des stoïciens passèrent dans la doctrine chré-
tienne, auxquelles saint Ambroise le premier, dit-
on, donna le nom de vertus cardinales, et qu'a-
vant lui Philon le Juif avait comparées aux quatre
fontaines du paradis. La justice est la reine et la
nourrice de toutes les autres vertus individuelles
et sociales, non pas, aux yeux de Platon, à cause
de l'importance et de la variété de ses applications, mais parce qu'elle accorde les autres vertus, parce qu'elle est, suivant l'expression d'un
philosophe cité par Stobée, l'harmonie et la paix
de l'âme entière d'accord avec elle-même : ἀρμονία
γάρ ἐστι καὶ εἰράνα τᾶς ὅλας ψυχᾶς μετ' εὐρυθμίας[1].
Enfin l'homme parfait et la cité parfaite, l'homme
et la cité selon la justice accomplie ne sont tels
qu'à la condition d'exprimer aussi exactement qu'il
est possible l'*idée* du Bien, principe et fondement
de la justice, le plus réel des êtres, supérieur
même à l'être et identique à l'unité.

Grégoire de Nysse a écrit, au quatrième siècle : Qu'est-ce que le christianisme? C'est l'imitation de Dieu dans les limites de la nature humaine[2]. Ce sont les expressions mêmes de Platon
pour définir la vertu θεοῦ ὁμοίωσις κατὰ τὸ ἐνδε-
χόμενον ἀνθρώπου φύσει. L'homme pris individuellement qui veut bien régler sa vie, être vertueux et heureux véritablement, doit, suivant
Platon, contempler assidûment l'idée du Bien,
c'est-à-dire Dieu même et en représenter pour
ainsi dire l'image dans ses actes. La cité parfaite
a également l'*idée* du Bien ou Dieu même pour
éternel modèle. La contemplation de cette *idée* est

---

1. Stobée, *Serm.* IX, 54.
2. Grégoire de Nysse, *sur ces*

paroles : «Faisons l'homme à notre image».(T. I, Orat. I, p. 180.)

le terme vers lequel Platon veut qu'on achemine l'esprit des citoyens d'élite, et le dernier mot de l'éducation qu'il prescrit à leur usage. La contemplation de l'*idée* du Bien ne doit pas être, selon lui, l'occupation et la délectation solitaire de quelques penseurs, mais l'étude constante et assidue de ceux auxquels il impose le devoir de gouverner la cité. Il veut en effet que les hommes mûris dans l'étude et éprouvés en même temps dans le maniement des affaires communes, arrivés à l'âge de cinquante ans, s'appliquent à la contemplation de l'être qui éclaire toutes choses, et se servent de l'*idée* pure du Bien comme d'un modèle pour gouverner, chacun à leur tour, l'État et les particuliers [1]. Le juste et l'honnête en effet ne trouvent pas un digne gardien dans celui qui ignorera leur rapport avec le Bien, et j'oserais prédire, ajoute Platon, que nul n'aura de l'honnête et du juste une connaissance exacte sans la connaissance antérieure du bien [2]. Selon Platon, comme on le voit, la justice ne suffit pas à elle-même. Elle a son origine et son fondement dans l'*idée* du Bien, c'est-à-dire en Dieu même. C'est cette *idée*, éternelle lumière des choses, qui éclaire les particuliers et les cités et offre aux uns et aux autres le divin modèle de l'ordre. La vie que la pensée de Dieu ne remplit pas est une vie incomplète, incertaine, boiteuse, flottant à tout vent de caprice et de passion.

La justice réalisée dans la vie privée et dans

---

1. Ἀναγκαστέον ἀνακλίναντας τὴν τῆς ψυχῆς αὐγὴν εἰς αὑτὸ ἀποβλέψαι τὸ πᾶσι φῶς παρέχον καὶ ἰδόντας τὸ ἀγαθὸν αὐτό, παραδείγματι χρωμένους ἐκείνῳ, καὶ πόλιν καὶ ἰδιώτας καὶ ἑαυτοὺς κατακοσμεῖν. *République*, VII, 17.)

2. *République*, VI, traduct. Cousin, p. 49-50.

la cité n'y produit pas seulement l'ordre, mais le
bonheur qui est inséparable de l'ordre. Et ce n'est
pas assez dire que d'affirmer que l'homme juste
est véritablement heureux en lui-même par le sentiment qu'il a d'être resté fidèle à l'ordre universel, et par ce témoignage de la conscience devant
laquelle nul accident de la fortune ne prévaut. Ce
sont peintures de fantaisie que celles qui nous
représentent l'homme juste opprimé, persécuté,
en butte aux outrages et mourant dans l'igno-
minie. Méconnue parfois au début, la vertu gagne
la victoire à la fin, tandis que l'injustice est semblable au coureur présomptueux qui d'un pied agile
s'élance dans le stade et peut au commencement
surprendre les applaudissements, mais qui tombe
au bout de la carrière sous les sifflets et le mépris
public. Chaque chose reprend sa place et l'équilibre, qui paraît rompu, ne tarde pas à se rétablir.
A l'homme de bien les hommages, les honneurs,
l'estime de tous. A l'homme injuste les sévérités
légitimes de l'opinion et de la loi. Et après les
sanctions de la vie terrestre, après toutes les
formes des récompenses et des punitions humaines
la sanction de la vie future. On connaît l'épilogue
de la *République*, et le récit d'Er le Pamphy-
lien[1] sur le jugement des âmes auquel il a as-
sisté et dont il vient porter témoignage. La philosophie de Platon est amie des mythes. Les
mythes, à ses yeux, recèlent en leur sein des leçons salutaires et de profonds enseignements. Il
semble au divin philosophe que le dernier mot à
dire sur les plus mystérieux problèmes de l'ori-

---

[1]. On dit vulgairement Er l'Arménien. Platon a écrit : Ἠρὸς τοῦ Ἀρμενίου, τὸ γένος Παμφύλου, ce qui littéralement se traduit : « d'Er, fils d'Armé- nius, originaire de Pamphylie. »

gine et de la fin n'appartienne pas à la raison.
Les voiles que celle-ci ne peut soulever, c'est la
légende qui les lèvera. Les réponses suprêmes
qu'elle est incapable de faire à une curiosité qu'elle
est également incapable de borner, certaines tra-
ditions religieuses pieusement recueillies les feront. De la sorte, l'imagination, vénérable aussi
dans ses œuvres, et traduisant sous des formes
sensibles les besoins impérissables et les aspirations les plus hautes de notre nature, achèvera,
complétera l'œuvre du sévère raisonnement. Le
mythe, pour Platon, est comme l'expression
anonyme de la conscience universelle, expression
trop arrêtée peut-être pour que la raison philosophique puisse la transformer en déductions et en
dogmes précis, mais trop respectable en même
temps et trop conforme à ses données, pour
qu'elle hésite à l'invoquer comme la conclusion
probable où elle achemine les esprits.

On comprend maintenant par ce qui précède l'objet que, selon nous, Platon s'est proposé dans sa
République. Il a voulu dans cette vaste et harmo-
nieuse composition présenter en regard, non pour
les opposer, mais pour les unir, le double tableau
de l'homme parfait et de l'État accompli. Il a
voulu nous montrer comment il concevait l'ordre
universel dans l'unité de la vie individuelle et
collective réglée selon le modèle de l'unité divine [1].

On n'attend pas maintenant que nous examinions par le menu les diverses institutions qui composent la cité philosophique de Platon. La partie
organique de cette cité répugne à nos idées et à

---

1. Εἰς ὅσον δυνατὸν ἀν- | *publique*, X, chap. XII, édi-
θρώπῳ ὁμοιοῦσθαι θεῷ. (*Ré-* | tion Stallbaum.

nos mœurs; la partie théorique est d'une hauteur
et d'une beauté singulières. Il nous suffira de dire
que la liberté en est absente comme dans toutes
les constructions analogues bâties a priori avec
le niveau, la règle et le compas; que la famille et
la propriété individuelle éléments essentiels et
bases nécessaires de toute société réelle y font défaut, que les citoyens qui l'habitent n'y sont que
des chiffres ou des quantités abstraites, que l'unité
artificielle de la communauté n'est fondée que sur
l'asservissement et l'effacement de tous les individus qui la composent; enfin, qu'une pareille cité,
agréable peut-être à l'œil d'un géomètre, n'est
point une cité habitable, et que, si elle pouvait
descendre dans la pratique, elle réaliserait la servitude la plus étroite et l'oppression la plus savante et la plus systématique qu'il soit possible
de concevoir.

Mais peut-être convient-il, pour compléter l'idée
générale que nous avons donnée de l'ouvrage de
Platon, d'en résumer les diverses parties dans
une rapide analyse qui permette d'en suivre le
développement et le progrès. Aussi bien com-
prendrait-on malaisément le VIIe livre de la *Ré-*
publique si l'on ne connaissait, au moins en
gros, ce qui précède et ce qui suit, quelle place il
tient dans l'œuvre entière, et comment il s'y rattache.

DEUXIÈME PARTIE.

ANALYSE DES DIX LIVRES DE LA RÉPUBLIQUE.

La *République* est le récit fait par Socrate
d'un entretien tenu la veille au Pirée dans la

maison de Polémarque, fils du vieux Céphale de Syracuse, pendant la solennité d'une fête religieuse [1].

La plupart des personnages qui y prennent part soit en qualité d'interlocuteurs, soit comme auditeurs muets, ont une place dans les autres dialogues de Platon.

Livre I. — Socrate, après avoir prié la déesse et vu les cérémonies, s'en retournait à Athènes avec Glaucon, frère de Platon. Polémarque, fils de Céphale, l'aperçoit, le retient et l'emmène dans sa maison, où le suit une troupe d'amis.

La conversation s'engage entre Socrate et Céphale sur les avantages et les ennuis de la vieillesse. Céphale parle gravement des préoccupations d'une âme qui touche au terme de la carrière. « Alors, dit-il, on songe à des choses qui ne donnaient auparavant aucun souci. Les discours jusqu'alors traités de fables, sur les enfers et la punition des méchants reviennent à l'esprit. On repasse sa vie écoulée, on se demande si l'on a été juste envers tous, si l'on a su se défendre du mensonge même involontaire, si l'on n'a fait de tort à personne. »

C'est ainsi que la question se pose : En quoi consiste la justice ?

A ne pas mentir, à ne tromper personne, à

---

1. Fête de la déesse *Bendis*, divinité de la Thrace, la même, suivant le scholiaste grec, qu'Artémis. D'où ces fêtes, nommées *Bendidies*, s'appelaient aussi les *petites Panathénées* et se célébraient au Pirée, tandis que les grandes Panathénées avaient lieu dans l'enceinte même d'Athè-

nes. C'est dans les Bendidies que se pratiquait la course aux flambeaux allumés que les coureurs parfois à cheval se passaient les uns aux autres, et à laquelle Lucrèce fait allusion dans un vers souvent cité :

Et quasi cursores vitaï lampada tra-
[dunt.

rendre à chacun ce qu'on en a reçu? Non, il y aurait quelquefois de l'injustice à dire toute la vérité et à rendre certains dépôts. A faire du bien à ses amis et du mal à ses ennemis? Non, car on peut, sans le savoir, avoir pour amis des malhonnêtes gens et pour ennemis des gens vertueux.

A faire du bien aux bons et du mal aux méchants? Mais les méchants à qui l'on fait du mal deviennent pires. L'homme juste, par la vertu qui lui est propre, rendrait donc les autres méchants. Cela ne se peut. L'homme juste ne fait de mal à personne.

La justice est-elle ce qui est avantageux au plus fort? Non! car l'autorité du plus fort ne doit s'exercer que pour l'avantage de ceux qu'il gouverne. Elle est stérile pour lui-même. On dit que l'homme injuste est plus heureux que l'homme juste; car il est plus avisé et plus habile, plus fort et plus puissant. Il s'en faut bien; l'injuste est ignorant et inhabile : l'injuste est faible. Les hommes injustes, si, entre eux au moins, ils n'observaient la justice, se perdraient infailliblement. Entre plusieurs l'injustice est mère de divisions et de discordes. Et si elle se rencontre dans un seul homme, elle le mettra dans l'impossibilité de rien faire par les séditions qu'elle excitera dans son âme et par l'opposition continuelle où elle le mettra avec lui-même. La condition de l'homme injuste n'est donc pas heureuse. Et comment celui qui est injuste, c'est-à-dire qui pense et vit mal pourrait-il être heureux, quand le bonheur est inséparable de la vertu?

Livre II. — Il est donc faux que l'injustice soit plus avantageuse que la justice et le sort de l'homme injuste préférable à celui du juste.

Ce n'était que le prélude. Il s'agit de pénétrer plus avant dans la nature de la justice.

La plupart des hommes rangent la justice au nombre de ces biens pénibles, qui coûtent à la nature, qu'on ne peut aimer et rechercher que pour les avantages qu'ils amènent à leur suite et non pour eux-mêmes.

Selon la nature, commettre l'injustice est un bien et la souffrir un mal, et il y a plus de mal à la souffrir que de bien à la commettre. Tour à tour on commit et on souffrit l'injustice. A la fin ceux qui ne pouvaient opprimer ni échapper à l'oppression s'associèrent dans l'intérêt de tous pour ne se faire désormais aucune injustice. De là les lois et les conventions. On appela juste ce qui fut ordonné par la loi. Ainsi la justice tient le milieu entre le pouvoir d'opprimer impunément qui est le plus grand bien et l'impuissance à se soustraire à l'oppression qui est le plus grand mal. Celui qui peut opprimer sans risque n'a garde de se soumettre à la loi. Ce serait folie de sa part. Donnez à un juste et à un méchant l'anneau de Gygès qui leur permette de tout faire impunément et d'échapper aux lois; vous les verrez bientôt l'un et l'autre tendre au même but, d'où l'on peut conclure qu'on n'est pas juste par choix, mais par nécessité[1].

Maintenant supposons ces deux hommes parfaits, chacun dans son genre. N'ôtons rien à la justice de l'un ni à l'injustice de l'autre. L'homme injuste qui veut l'être à un degré supérieur doit conduire ses entreprises injustes avec tant d'habileté qu'il ne soit pas découvert. S'il se laisse surprendre, c'est un homme qui ne sait pas son

---

1. Voyez dans le *Gorgias*, le discours de Calliclès.

métier. Le dernier mot de l'injustice est de paraître juste sans l'être en effet. Que cet homme commette les plus grands crimes et qu'il se fasse la plus grande réputation de vertu : s'il fait un faux pas qu'il sache se relever : si ses crimes découverts l'accusent qu'il soit assez éloquent pour persuader son innocence. Voyons à côté l'homme juste, simple, généreux qui veut être bon et non le paraître ; ôtons-lui cette apparence de justice ; dépouillons-le de tout excepté de la justice. Rendons le contraste parfait entre lui et l'homme injuste. Qu'il passe pour le plus scélérat des hommes. Eh bien, tandis que l'homme juste, après avoir passé par tous les supplices, finira sur le gibet comme un vil esclave, l'homme injuste aura toute l'autorité dans l'État, s'enrichira, lui et les siens, et se rendra les dieux favorables par de magnifiques sacrifices.

Tout le monde vante la justice et en recommande la pratique, les pères à leurs enfants, les maîtres à leurs élèves, mais ce n'est que pour ce qu'elle rapporte, la belle renommée, les honneurs, les richesses, les alliances honorables, la faveur et les récompenses des dieux : de même on blâme l'injustice pour les maux qu'elle attire et la colère des dieux qu'elle suscite. Le tout est donc de surprendre l'opinion et de paraître juste. On ne trompe pas les dieux, direz-vous. Mais s'ils n'existent pas, ou s'ils ne s'occupent pas des affaires humaines, ou si, comme on le croit, on peut fléchir leur colère et acheter leur protection? L'homme injuste du fruit de ses injustices gagnera les dieux, comme il aura trompé les hommes. Il n'hésitera donc pas entre la justice et l'injustice. Il serait juste à ses dépens, il aimera mieux être injuste à son profit.

Que si donc on veut louer la justice et montrer qu'elle est véritablement un bien, il faut la prendre en elle-même indépendamment de ses conséquences et de ses effets. Voyons naître un État pour voir la justice y prendre naissance.

Les besoins de l'homme et sa faiblesse individuelle, voilà la racine de l'État, c'est-à-dire de l'association où chacun rend aux autres des services et en reçoit. Les métiers ne sont bien exercés qu'à la condition de la division du travail, et cette division du travail est fondée elle-même sur la diversité des aptitudes naturelles. Un petit nombre d'industries suffisent d'abord. Le nombre s'en augmente bientôt avec la multiplicité des besoins et des goûts. On a bientôt franchi les bornes du nécessaire. L'État se trouve trop resserré dans ses étroites limites. Il déborde sur le voisin. De là des conflits, la guerre, et, pour la soutenir, la nécessité d'avoir des soldats. Or, la guerre est un art difficile et qui demande des hommes qui se vouent exclusivement à cette carrière. La mission de défendre l'État est assez importante pour qu'on y consacre tout son loisir. Les guerriers formeront donc une classe à part et seront soumis à une éducation spéciale.

Quelle sera cette éducation ? On formera le corps par la gymnastique et l'âme par la musique, c'est-à-dire par tous les arts auxquels les muses président. La musique comprend des discours vrais et des discours mensongers ou fables. Il faut rejeter la plupart des fables, surtout celles qui défigurent les dieux et les héros comme celles d'Hésiode et d'Homère, car les enfants ne sont pas en état de discerner ce qui est allégorique de ce qui ne l'est pas, et tout ce qui s'imprime dans leur esprit y laisse des traces que le temps ne peut effacer. C'est pour cela qu'il est de la dernière importance que les premiers discours qu'ils entendront soient propres à les former à la vertu.

Aussi nous prescrirons aux poëtes de toujours représenter Dieu tel qu'il est, essentiellement bon et bienfaisant, et par conséquent unique auteur des biens dont nous jouissons, mais non des maux qui nous peuvent atteindre. Et par une seconde loi, nous leur interdirons de nous montrer Dieu comme un enchanteur qui se plaît à changer de forme pour nous tendre des piéges et nous tromper, car Dieu ne peut ni mentir ni changer.

Livre III. — De la sorte et par de telles prescriptions on gardera l'âme des enfants de leçons funestes. De même on leur épargnera les récits capables d'énerver et d'affaiblir leur courage, soit les descriptions effrayantes des enfers, soit les peintures où les poëtes nous montrent les héros gémissants et se lamentant d'une manière indigne. Ils ignoreront les passages où les poëtes représentent leurs personnages dans l'excès des larmes ou du rire, et dans le désordre de passions dont ils ne sont plus les maîtres; car quel homme ne se pardonnera ses fautes et ses crimes, s'il est persuadé qu'il n'est pas plus coupable que les enfants des dieux? Nous ne laisserons donc pas les poëtes tenir sur les dieux et les héros des discours qui blessent à la fois la religion et la vérité. Quant aux discours sur les hommes, avant de défendre ceux où l'injustice paraît utile et la justice funeste, il nous faut avoir éclairci la question qui est sur le tapis.

Pour ce qui regarde la forme même des discours, nous n'admettrons pas le genre imitatif où le poëte fait parler les autres personnages, chacun selon son caractère et ses mœurs. Le récit simple et direct qui imite la vertu est le seul qui nous convienne. Et « si jamais un homme habile dans l'art de prendre plusieurs rôles venait dans notre État et voulait nous faire entendre ses poëmes, nous lui rendrions hommage comme à un être sacré, merveilleux et plein de charme, mais nous lui dirions qu'il n'y a pas d'homme comme lui dans notre État et qu'il ne peut y en avoir, et nous le congédierions après avoir répandu des parfums sur sa tête et l'avoir couronné de bandelettes, et nous nous contenterions d'un poète et d'un faiseur de fables plus austères et plus utiles dont le ton imiterait le langage de la vertu. »

Quant au chant et à la mélodie, il faut que l'harmonie et le rhythme répondent aux paroles. Nous n'admettrons donc que les mâles accents et les harmonies viriles des modes dorien et phrygien. De même les peintres et les sculpteurs se garderont dans la représentation des êtres vivants d'offrir aux yeux des images d'une nature dégradée. Ils devront au contraire prendre pour règle la beauté inséparable de la bonté, afin que les jeunes guerriers reçoivent par les yeux, comme par les oreilles, l'impression de beaux ouvrages et en ressentent une influence salutaire, semblables à des habitants d'une belle contrée auxquels un air pur apporte la santé.

Après la musique, c'est par là gymnastique que nous élèverons nos jeunes guerriers. Mais dans la gymnastique il faut la même simplicité que dans la musique, de manière que l'une forme une âme sage et l'autre un corps sain. Notre régime accordera peu de temps au sommeil. Nous défendrons les longs festins, les mets variés et laborieusement apprêtés qui engendrent des maladies et rendent les médecins nécessaires,

comme le désordre dans la conduite suscite des
avocats et rend les tribunaux indispensables.
Nous ne voulons de médecins et de juges que
dans les cas d'absolue nécessité et pour ceux qui
sont bien constitués de corps et d'âme. Les méchants incorrigibles seront mis à mort et on laissera périr ceux qui naîtront infirmes.

La musique et la gymnastique réunies sont
faites pour l'âme. Ceux qui se livrent exclusivement à la première sont mous et efféminés ; ceux
qui se livrent exclusivement à la seconde sont
durs et intraitables. Si l'on corrige ces deux dé-
fauts l'un par l'autre, on aura des hommes à la
fois courageux et modérés. La gymnastique en
effet doit être au service de l'âme. Elle est des-
tinée à accroître en chacun la force morale.

Parmi les citoyens ainsi élevés les plus vieux
doivent commander et les plus jeunes obéir, et
parmi les premiers, les meilleurs c'est-à-dire
ceux qui, à la prudence et à l'énergie, unissent
l'amour du bien public, et qui toute leur vie ont
été le plus fidèles à cette maxime : qu'on doit faire
ce qui importe le plus à l'État. Les jeunes gens à
qui nous donnons le titre de gardiens ne seront
que les ministres et les exécuteurs de leurs vo-
lontés. L'éducation que nous leur donnons, les
liens d'affection et de reconnaissance qui les
uniront entre eux et avec les magistrats préservera
l'État de toute entreprise violente de la part de
ceux qui ont en main la force. Ensuite ils ne
posséderont rien, ni maison, ni or, ni argent,
prendront leur repas en commun. Nous leur per-
suaderons en même temps, ainsi qu'à tous les autres, que c'est la nature même qui assigne à chacun
son rang, qu'ils doivent tout à la terre qu'ils habitent, qu'elle est leur mère et leur nourrice.

« Vous tous, qui faites partie de l'État, leur dirons-nous, vous êtes frères : mais le Dieu qui vous a formés a mêlé de l'or dans la composition de ceux d'entre vous qui sont propres à gouverner les autres, c'est pour cela qu'ils sont les plus précieux; de l'argent dans la composition des guerriers, du fer et de l'airain dans la composition des laboureurs et des artisans. Comme vous avez tous une origine commune, vous aurez pour l'ordinaire des enfants qui vous ressembleront : cependant d'une génération à l'autre, l'or deviendra quelquefois argent, comme l'argent se changera en or, et il en sera de même des autres métaux. Le Dieu recommande surtout aux magistrats d'exercer ici une très-exacte surveillance, de faire attention sur toute chose au métal qui se trouvera mêlé à l'âme des enfants, et si leurs propres enfants ont quelque mélange de fer ou d'airain, il veut absolument qu'ils ne fassent pas grâce, mais qu'ils les relèguent dans la condition qui leur convient, parmi les artisans ou les laboureurs. Si ces derniers ont des enfants en qui se montre l'or ou l'argent, il veut qu'on élève ceux-ci au rang des guerriers, ceux-là au rang des magistrats : parce qu'il y a un oracle qui dit que la République périra, lorsqu'elle sera gouvernée et gardée par le fer ou par l'airain [1]. »

Livre IV. — Privés des biens qui, selon l'opinion, donnent du prix à la vie, n'ayant ni terres,

[1]. Platon, on le voit, n'établit pas dans son État le régime des castes. Ses trois classes ne sont pas fermées, mais ouvertes. Les classes supérieures des magistrats et des guerriers peuvent s'alimenter et s'enrichir en puisant aux couches inférieures, si le hasard de la naissance ou si le bienfait de l'éducation en fait sortir des âmes d'élite. C'est la nature et non la fatalité de la loi qui assigne à chacun son rang et sa fonction dans l'État.

ni maisons, ni fortune, astreints à une vie sévère, les guerriers ne seront pas fort heureux, dit-on. Mais dans l'organisation d'un Etat le législateur ne doit avoir en vue que le bien de la communauté. C'est assez que chaque portion de l'Etat concoure au bonheur de tous.

La première condition d'existence de l'État, c'est l'unité. Aussi faut-il veiller avec soin pour n'y laisser pénétrer ni la pauvreté ni la richesse. Un Etat qui ne regorge pas de richesses est redoutable à ses voisins et n'a rien à craindre d'eux. Les loups s'attaquent aux brebis grasses et délicates et non aux chiens maigres et vigoureux. Et dans tout Etat où il y a des riches et des pauvres il y a deux Etats rivaux et ennemis. Il est bon qu'un Etat s'agrandisse, mais il est une borne qu'il ne doit jamais franchir, cette borne c'est l'unité.

Le point le plus important de tous, c'est l'éducation des enfants. Aussi ceux qui sont à la tête de notre Etat veilleront particulièrement à ce que rien ne la corrompe et surtout à ce qu'aucune innovation ne s'introduise dans la gymnastique ni dans la musique[1], ce qui ne peut se faire sans ébranler les lois fondamentales de l'État.

Dès le premier âge on surveillera les jeux des enfants, car le déréglement des jeux produit des esprits indisciplinés, et de même toutes leurs démarches; on leur apprendra la déférence envers les vieillards, l'affection reconnaissante et soumise envers leurs parents. Plus tard on se gardera de la multiplicité des règlements et des précautions, comme si l'on n'avait pas affaire à

1. On sait quelle acception étendue Platon donne à ce mot dans l'éducation publique. La poésie en fait partie.

d'honnêtes gens, pour ce qui regarde les contrats de vente ou d'achat, les conventions amiables, la levée ou l'imposition des deniers pour l'entrée et la sortie des marchandises. Quant aux lois qui concernent la construction des temples, les sacrifices, le culte des dieux et des héros, les funérailles, il faut s'en rapporter là-dessus au dieu de Delphes, l'arbitre du pays en ces sortes de choses.

Cherchons maintenant la justice dans notre Etat. S'il est bien constitué il doit présenter l'image de toutes les vertus. Il a la prudence qui réside dans les magistrats qui gouvernent la cité. Il a le courage que possèdent les guerriers chargés de le défendre. Il a la tempérance, car les meilleurs y commandent aux moins bons, qui leur sont soumis.

Quant à la justice, elle réside nécessairement dans un Etat où chaque citoyen demeure à la place et dans la fonction pour laquelle il est né.

La justice n'est pas différente dans l'individu, et l'homme juste doit être réglé comme l'Etat juste. Il y a dans l'âme, en effet, une partie supérieure qui est la raison, une partie intermédiaire qui est la passion virile, et une partie inférieure et agitée qui est le désir. La sagesse est la vertu de la première, le courage la vertu de la seconde, et la tempérance la vertu de la troisième. Ce qui fait l'Etat juste fait aussi la justice chez l'homme individuel. L'Etat est juste quand chacun des trois ordres qui le constituent remplit le devoir qui lui est propre. De même l'individu n'est juste qu'à cette condition que chacune des trois parties de son âme remplisse la fonction qui lui convient, c'est-à-dire que la raison, en qui réside la sagesse, commande et gouverne l'âme comme les magistrats l'Etat, que la colère (θυμός) obéisse à la

raison comme les guerriers obéissent aux magistrats, que les désirs enfin, comme la foule aveugle
des artisans et des mercenaires, soient les esclaves
de la raison, et ne s'exposent pas, en lui disputant
l'autorité, à troubler l'économie de l'âme entière.
Ainsi la justice apparaît clairement la même dans
l'individu et dans l'État. Elle consiste dans l'unité
résultant du concert et de la subordination hié-
rarchique des diverses parties qui composent l'âme
humaine et la cité. L'âme ainsi ordonnée sera incapable de rien commettre de mal.

L'injustice maintenant est le contraire de cette
harmonie, c'est un soulèvement d'une partie de
l'âme, une impatience à quitter sa place, à sortir
de son rôle, à empiéter sur la fonction ou à usur-
per l'autorité qui appartient à la raison. De ce
désordre naissent l'intempérance, la lâcheté et
l'ignorance. Les actions justes et injustes ont sur
l'âme le même effet que les aliments sains et mal-
sains sur le corps. Les premières y introduisent
la vertu, qui est la santé de l'âme; les autres y
produisent le vice, qui la corrompt et la ruine.
Il est superflu de dire après cela qu'il est utile de
s'appliquer à ce qui est honnête et d'être juste,
qu'on soit ou non connu pour tel.

Maintenant, de la hauteur où la suite de cet
entretien nous a conduits, nous apercevons que
la vertu n'a qu'une forme unique, soit dans l'État,
soit dans un particulier, tandis que les formes
du vice et des mauvais gouvernements sont multiples.

C'est, pour l'État comme pour l'individu, la
seule forme du gouvernement accompli que celle
où la justice règne et où l'âme et l'État sont dans
ce bel ordre que nous avons décrit.

Livre V. — Mais la différence des hommes et

des femmes membres de l'État n'est-elle pas un obstacle à l'unité?

A proprement parler, il n'y a pas de différence de nature entre les deux sexes. Il n'y a que des différences d'aptitude, comme il y a entre les hommes, et aussi entre les femmes, des différences de force. Les hommes et les femmes ayant en partage les mêmes facultés sont destinés aux mêmes fonctions. Les femmes seront donc appelées aux mêmes exercices que les hommes et seront soumises à la même éducation.

Les femmes des guerriers seront communes toutes à tous. Aucune n'habitera en particulier avec aucun d'eux. Les enfants seront communs; ils ne connaîtront pas leurs parents, et leurs parents ne les connaîtront point.

Les magistrats seront chargés de former les unions et devront y apporter les plus grands soins, « car c'est une chose sainte et d'extrême importance pour l'État que la propagation de la race. »

La communauté des femmes et des enfants, si elle est possible, est très-avantageuse pour l'État, car elle y réalise l'unité la plus parfaite. De même la communauté des biens est pleine d'avantage. Elle coupe à leur racine les débats, les procès, les querelles et toutes les autres causes de discorde et de division entre les hommes [1]. À l'abri de ces misères, les guerriers mèneront une vie plus heureuse que celle des athlètes couronnés aux jeux olympiques.

1. Il semble que dans la *République* de Platon, la communauté des biens et celle des femmes ne regardent que la classe des guerriers, laquelle forme une sorte d'armée permanente, mais que la propriété individuelle et la famille ne soient pas abolies dans les deux autres classes.

La guerre sera faite en commun. On y conduira les enfants déjà robustes, afin qu'ils fassent
de bonne heure l'apprentissage de fonctions que
plus tard ils devront exercer, et ce sera d'ailleurs
un encouragement pour leurs pères, car « tout
animal combat avec bien plus de courage lorsque
ses petits sont présents ». Mais de peur qu'en
cas de revers l'État ne périsse, on ne les conduira
qu'aux expéditions sans péril; ils seront de plus
confiés à des chefs d'âge mûr et d'expérience
consommée, qui les mèneront en campagne sur
des chevaux rapides.

Les braves seront récompensés et les lâches
punis. Nos guerriers ne devront jamais cesser
de voir des amis dans les Grecs. En cas de lutte,
ils ne pourront les réduire en esclavage. Aux
ennemis morts, on n'enlèvera que leurs armes,
« car n'est-ce pas la marque d'un petit esprit
que de traiter en ennemi un cadavre après que
l'adversaire s'est envolé et qu'il ne reste plus que
l'instrument dont il se servait pour combattre? »

Cet État dont nous venons d'esquisser le plan
est une copie parfaite de la justice, mais est-il
possible [1]?

Tant que les philosophes ne seront pas les rois
ou que ceux que l'on appelle aujourd'hui rois
ne seront pas vraiment et sérieusement philosophes; tant que la puissance politique et la philosophie ne se trouveront pas ensemble et qu'une
loi supérieure n'écartera pas la foule de ceux qui
s'attachent exclusivement aujourd'hui à l'une ou à

---

1. C'est ici, en réalité, que commence l'ordre des idées auxquelles appartient en entier le septième livre de la *République*. Nous donnons, pour cette raison, à l'analyse de cette partie de la *République* un peu plus de développement.

l'autre, il n'est point de remède aux maux qui désolent les États, ni même à ceux du genre humain, et jamais notre État ne pourra naître et voir la lumière du jour.

Mais, quels sont ceux que nous estimons dignes du nom de philosophes et à qui il appartient naturellement de se mêler du gouvernement?

Quand on dit d'une personne qu'elle aime une chose, on ne veut pas dire qu'elle en aime seulement une partie, mais qu'elle l'aime tout entière. Ainsi nous dirons du philosophe qu'il aime la sagesse tout entière. Il n'est pas vraiment philosophe celui qui curieux de goûter à toute sorte de sciences, et plein d'une curiosité brouillonne, s'empresse autour des plus frivoles objets qui sollicitent son attention. Le vrai philosophe est celui qui est amateur du spectacle de la vérité, τοὺς τῆς ἀληθείας φιλοθεάμονας. — Le premier aime les choses belles et nouvelles, sa curiosité est toute dans ses yeux et dans ses oreilles. Le second aspire à s'élever jusqu'au Beau lui-même et à le contempler dans son essence. Or qu'est-ce que contempler les images du Beau? N'est-ce pas rêver, n'est-ce pas prendre la ressemblance d'une chose pour la chose même? S'attacher au contraire au Beau sans jamais le confondre avec les choses belles, c'est s'attacher à la réalité, c'est s'élever à la connaissance, tandis que celui qui s'arrête à l'apparence ne possède jamais qu'une opinion, c'est-à-dire quelque chose d'intermédiaire entre la science et l'ignorance, lesquelles se rapportent, la science à l'être, l'ignorance au non-être. Car la science est une faculté qui a pour objet l'être; l'opinion, d'un autre côté, n'est autre chose que la faculté de juger sur l'apparence, et ces deux facultés diffèrent autant entre elles que l'ombre diffère de la réalité.

L'opinion diffère aussi de l'ignorance, car l'opinion juge sur quelque chose, et le non-être objet de l'ignorance, si je puis dire, est une négation de chose. Ainsi l'opinion tient le milieu entre la science et l'ignorance; elle a moins de clarté que la première et moins d'obscurité que la seconde. Or ces hommes qui ne voient pas le beau absolu, qui ne croient pas qu'il y ait rien de beau, de juste, de vrai en soi, qui ne reconnaissent pas les caractères d'universalité et d'immutabilité qui distinguent la beauté et la justice, mais qui pensent que le beau et le juste sont choses relatives comme le grand et le petit, s'occupent des choses qui roulent pour ainsi parler entre le néant et la vraie existence, c'est-à-dire des choses qui tombent sous l'opinion, ces hommes ont des opinions et non des connaissances. Aussi nous ne ferons aucune injustice aux premiers en les appelant amis de l'opinion φιλόδοξοι et non amis de la sagesse φιλόσοφοι. Et les amis de la sagesse, les véritables philosophes, seront ceux-là seuls qui s'attachent à la contemplation du principe essentiel des choses.

Livre VI. — Après avoir distingué ceux qui sont vraiment philosophes de ceux qui n'en ont que le masque, il n'est pas douteux que c'est aux premiers que nous confierons la direction de l'État, car il vaut mieux prendre pour guide un homme clairvoyant qu'un aveugle. « Or quelle différence peut-on mettre entre les aveugles et ceux qui, privés de la connaissance des principes des choses, n'ayant dans l'âme aucun exemplaire qu'ils puissent contempler, ne pouvant tourner leurs regards sur la vérité même, comme les peintres sur leur modèle, y rapporter toute chose et s'en pénétrer le plus profondément possible, sont par conséquent incapables d'en tirer, par une imitation heureuse, les lois qui doivent fixer ce qui est honnête, juste et bon, et, après avoir établi ces lois, de veiller à leur garde et à leur conservation. »

Voyons maintenant comment les vrais philosophes pourront unir l'expérience à la science, et d'abord quel est le caractère qui leur est propre. Les philosophes aiment la science qui peut leur dévoiler l'essence immuable des choses, et comme il n'y a rien qui soit plus étroitement lié avec la science que la vérité, ils aiment la vérité et haïssent le mensonge. Et comme on se porte tout entier vers les choses qu'on aime et qu'on néglige le reste, ils aspirent à la volupté que l'âme trouve en elle-même et dédaignent les plaisirs du corps et les biens extérieurs. Ils sont tempérants et insouciants des richesses.

Ils n'ont aucune bassesse de sentiments et ne s'arrêtent à aucune idée étroite, ne considèrent pas la vie comme une chose de grande importance, et ne craignent pas la mort[1]. Ils sont aussi doux et amis de l'équité. La mémoire et la facilité à apprendre sont également des qualités qu'ils doivent posséder. Qui donc en effet aura jamais du goût pour les choses qu'il fait avec peine? Enfin leur esprit doit être plein de mesure et de grâce. Voilà les hommes perfectionnés par l'éducation et par l'expérience auxquels il faut confier le gouvernement de l'État.

On accuse ceux qui s'adonnent à la philosophie de devenir pour la plupart des personnages bizarres, pour ne pas dire tout à fait insupportables, et de plus inutiles à la société, et c'est à

---

1. Platon, dans le *Phédon*, marque ces mêmes idées d'une teinte plus profonde de mysticisme.

juste titre assurément. De la même manière les
matelots ambitieux de gouverner un vaisseau estiment comme habile marin quiconque sert leurs
vues et regardent comme un bel esprit et un
homme incapable de leur être utile le pilote qui
étudie le temps, les saisons, le ciel et les astres.
Oui, ce sont des êtres bizarres, parce qu'ils n'ont
pas mis leurs âmes à l'unisson de celles du vulgaire; ils sont inutiles, parce qu'on ne veut pas les
employer, et il n'est pas naturel que le pilote prie
l'équipage de se mettre sous ses ordres, que le
médecin supplie le malade de l'appeler à son
chevet. C'est donc à l'Etat qu'il faut s'en prendre
s'ils sont inutiles.

Une autre cause plus puissante du décri de la
philosophie, c'est la quantité de faux philosophes
qui font mépriser les vrais, et la perversité des
faux philosophes tient parfois à leurs qualités
mêmes. En effet les âmes les meilleures et les
plus heureusement douées sont celles qui deviennent les plus mauvaises de toutes par la mauvaise éducation. « Car une âme médiocre est incapable de faire beaucoup de bien ou beaucoup de
mal. » Si donc le naturel philosophe dont nous
avons décrit les qualités reçoit un enseignement
qui ne lui convient pas, c'est une nécessité qu'il
produise les plus grands vices. Et quand un
jeune homme bien doué d'ailleurs, aux tribunaux,
aux théâtres, dans les assemblées publiques, dans
les camps, entend discourir sur le beau et le juste
et voit le peuple juger, comme il fait, sur toutes
ces choses, est-il possible qu'il ne soit pas en-
traîné par le courant? Comment ne deviendrait-il
pas semblable à la multitude qui l'entoure, surtout quand il voit qu'aux paroles on ajoute des
actes, quand il entend prononcer des arrêts de mort

ou des amendes contre ceux qui ne pensent pas
comme la foule[1]? Elle a été assurément protégée
par la Divinité l'âme qui a pu échapper au nau-
frage commun. Et alors, que font ces particuliers
qu'on appelle sophistes? Flatteurs de la multitude,
indifférents à la vérité, insouciants de ce qui est
bon, honnête, juste, s'inquiétant seulement de ca-
resser les instincts de « cet animal grand et ro-
buste qui est le peuple », ils conforment leur enseignement aux opinions du plus grand nombre;
ils savent faire fléchir leurs doctrines selon le
goût et la fantaisie du peuple, n'ont d'autre règle
que son caprice, d'autre but que son plaisir et son
approbation.

Et comme la foule ne peut s'élever à la contemplation du beau et du juste pris en eux-mêmes,
c'est une nécessité que les philosophes soient
l'objet de ses critiques et de celles des sophistes
adulateurs de la foule.

Le jeune homme doué d'un heureux naturel et
fait pour la philosophie se corrompt et s'en écarte
bientôt par la funeste influence des flatteries et
des conseils intéressés de ceux qui l'entourent et
l'assiégent. De cette manière la philosophie se
trouve délaissée par ses protecteurs naturels et
abandonnée aux mains d'indignes étrangers qui
la déshonorent. Si quelque rare esprit lui demeure
fidèle, il reste à l'écart, en dehors de l'État,
étranger aux fonctions publiques qu'il ne veut
pas partager avec des hommes ennemis de la sagesse; il reste inutile à l'État et incapable de
rien faire pour le bien public, faute de vivre sous
une forme convenable de gouvernement.

---

1. Peut-être peut-on voir ici une allusion à la condamnation de Socrate, qui avait si cruellement frappé Platon.

Ceux qu'on applique aujourd'hui à la philosophie sont des jeunes gens à peine sortis de l'enfance : A peine entrés dans cette étude, ils la quittent, et plus tard s'en font moins une occupation qu'un passe-temps[1]. Il faudrait au contraire que les enfants et les adolescents reçussent l'instruction qui convient à leur âge et se préparassent ainsi à l'étude de la philosophie. C'est là, je le sais, un système qui n'a jamais été suivi; aussi on ne peut s'attendre à voir d'Etat ni de gouvernement parfait à moins que des circonstances extraordinaires ne mettent les vrais philosophes à la tête du gouvernement. Ainsi un Etat semblable au nôtre n'est pas impossible. Et il ne faut pas alléguer la haine de la multitude pour la philosophie, car cette haine vient de l'ignorance. Montrez-lui ce que sont les vrais philosophes, elle se défera vite d'injustes préjugés et cessera de haïr la philosophie. Comment haïrait-elle ceux dont la pensée est réellement occupée à la contemplation de la vérité, qui s'appliquent à imiter en eux-mêmes la belle harmonie des choses. Et si le philosophe, au lieu de se borner à former son âme, veut faire passer dans les mœurs publiques l'ordre qu'il contemple là-haut, sera-ce un mauvais maître, et le peuple, détrompé sur son compte, refusera-t-il de croire avec nous qu'un Etat ne sera heureux qu'autant que le dessin en aura été tracé par ces artistes qui travaillent sur un modèle divin ?

Or, pour tracer ce dessin, les philosophes regar-

---

1. Voyez, dans le *Gorgias*, le commencement du discours de Calliclès et les railleries dont il accable Socrate pour avoir prolongé au delà de la jeunesse et jusque dans l'âge mûr l'étude de la philosophie. Le morceau est d'une fine ironie.

deront l'État et l'âme de chaque citoyen comme
une toile qu'il faut commencer par rendre nette,
car on ne peut rien faire sans cela. Puis ils
jetteront les yeux sur les essences de la justice, de
la beauté, de la tempérance et des autres vertus,
et, mesurant ce que l'humanité comporte de cet
idéal, ils rapprocheront le plus possible l'âme humaine de ce degré de perfection. Ainsi, comme il
n'est pas impossible qu'un philosophe arrive à la
tête des affaires, comme il n'est pas impossible
d'un autre côté que les citoyens consentent à se
soumettre aux lois et aux institutions qu'il aura
établies, nous concluons que notre plan de cité
n'est pas une pure chimère, et nous avons déjà
montré qu'il est excellent.

Voyons maintenant comment se formeront les
hommes capables de maintenir la constitution de
notre État, les magistrats.

Je n'hésite pas à le déclarer, les meilleurs
maîtres de l'État doivent être philosophes, et je
sais combien rarement les qualités qui doivent
entrer, selon nous, dans le caractère du vrai philosophe se trouvent unies dans un même homme.

L'esprit du magistrat doit être éprouvé par les
plus profondes études sur l'*idée* du Bien. C'est
peu de connaître tout le reste, si on ignore le
Bien. Or c'est une recherche grave et difficile que
celle-là, à laquelle l'âme s'applique sans se satisfaire jamais, mais qui est plus digne qu'aucune
autre de la plus vive attention des magistrats. Le
juste et l'honnête ne trouveront pas un digne
gardien dans celui qui ignorera leur rapport avec
le Bien, et même nul n'aura de l'honnête et du
juste une connaissance exacte sans la connaissance
antérieure du Bien.

Ainsi notre État sera parfaitement ordonné s'il

a pour chef un homme qui possède cette double connaissance. Ne me demandez pas en quoi je fais consister le Bien; je ne pourrais vous répondre que quelque chose d'informe et de boiteux, mais je puis essayer d'en montrer l'image.

Rappelons-nous d'abord qu'il y a plusieurs choses que nous appelons belles et plusieurs autres bonnes, et le principe de chacune nous l'appelons le Beau, le Bien, et nous faisons de même des choses que nous considérons dans l'unité de l'idée générale après les avoir considérées dans la multiplicité de leurs cas ou de leurs accidents particuliers. Et des choses particulières nous disons qu'elles sont l'objet des sens, et des idées générales qu'elles sont l'objet de l'entendement.

La vue, qui nous fait percevoir les objets, a besoin d'un intermédiaire qui est la lumière. Sans elle nous ne verrions rien. Or la lumière est produite par le soleil. Ainsi notre œil possède la puissance de voir comme une émanation dont le soleil est la source, et il voit le soleil lui-même.

Or c'est un soleil invisible qui produit le Bien, et de même que nos yeux voient plus distinctement les objets éclairés par le soleil, ainsi l'âme connaît et comprend quand elle fixe ses regards sur ce qui est éclairé par la vérité et par l'être, mais sa vue se trouble quand elle regarde ce qui est obscur, changeant, périssable.

C'est l'*idée* du Bien qui, comme un soleil, répand la lumière de la vérité sur les objets de la connaissance, lumière qui permet à l'âme de connaître. Mais il ne faut pas confondre l'*idée* du Bien, principe de la science et de la vérité, avec la science et la vérité même. Ce serait confondre le soleil avec la lumière.

De plus, comme le soleil ne donne pas seulement aux objets la lumière, mais encore l'accroissement et la vie; de même, les êtres intelligibles ne tiennent pas seulement de l'*idée* du Bien ce qui les rend intelligibles, mais encore ils tiennent de l'idée du Bien leur être et leur essence, quoique le Bien soit lui-même quelque chose de fort au-dessus de l'essence.

Le soleil et le Bien sont rois : l'un du monde visible, l'autre du monde invisible.

Dans chacun de ces deux mondes il y a une partie obscure et une partie lumineuse qui se correspondent. Le monde sensible est le monde de l'opinion et le monde intelligible le monde de la science. La partie obscure du premier comprend les images des objets visibles sur lesquels s'exerce la conjecture, εἰκασία; la partie lumineuse comprend les objets visibles qu'atteint directement la foi, πίστις. Dans le monde intelligible la section obscure se rapporte aux notions et figures abstraites, sur lesquelles l'esprit opère par la connaissance raisonnée, διάνοια, et la section lumineuse aux principes éternels ou *idées* que saisit directement l'intelligence pure, νόησις. Ainsi quatre divisions et quatre degrés dans la connaissance. Au plus haut échelon l'intelligence pure, au second la connaissance raisonnée, au troisième la foi, au quatrième la conjecture. Plus on descend les degrés de cette échelle, plus on s'éloigne de la vérité; plus on monte, plus on s'en rapproche. L'*idée* du Bien est le terme dernier de l'ascension.

LIVRE VII. — Platon explique par une allégorie célèbre, l'allégorie de la Caverne, l'état de l'esprit plongé dans l'ignorance et s'élevant peu à peu de l'obscurité à la lumière de la vérité.

Les hommes sont comme des prisonniers étroitement enchaînés au fond d'une caverne, tournant le dos à l'ouverture, et incapables de tourner la tête. Derrière eux brille en haut un feu allumé dont la lueur éclaire le fond de la caverne. Entre ce feu et les captifs un chemin montant bordé d'un petit mur. Sur ce chemin passent des hommes portant divers objets dont l'ombre se projette au fond de la caverne devant les yeux des prisonniers. Ceux-ci prennent ces ombres pour des objets réels, leur donnent les noms des choses dont elles sont les images, et l'écho renvoyant la voix des passants, ils s'imaginent que ces ombres parlent entre elles.

Si maintenant on détache un de ces prisonniers, qu'on l'entraîne au dehors, qu'on lui montre les objets et le feu qui les éclaire et produisait les ombres qu'il voyait tout à l'heure, il sera d'abord embarrassé, ébloui, et s'imaginera que les ombres sont plus visibles que les objets. Si maintenant on le traîne au grand jour, accablé par la splendeur du soleil, il ne pourra au premier moment rien distinguer, mais peu à peu, regardant d'abord les images des objets peintes sur le miroir des eaux, puis les objets eux-mêmes, plantes et animaux, il arrivera à pouvoir bientôt soutenir leur vue et même l'éclat du soleil, et comprendra à la fin que le soleil est le père de la lumière et le principe de tout ce qu'il voyait dans la caverne. Alors il se trouvera heureux de sa nouvelle condition et ne portera nulle envie à ceux qui sont les plus honorés et les plus puissants dans le souterrain. S'il tente d'y redescendre et de s'asseoir à son ancienne place, l'obscurité d'abord l'aveuglera : puis, s'il se met à expliquer à ses anciens compagnons que ce ne sont que fantômes que tout ce qu'ils voient, il passera peut-être pour fou et excitera contre lui la colère des prisonniers.

Ce souterrain c'est le monde visible, le feu qui l'éclaire c'est la lumière du soleil, ce captif qui monte à la région supérieure c'est l'âme qui sort du monde des sens pour s'élever dans le monde intelligible. Ce soleil qui l'éblouit d'abord et dont il a peine à soutenir l'éclat c'est l'*idée* du Bien. Or, après avoir contemplé cette *idée* dans toute sa pureté, qu'y a-t-il d'étonnant que, revenant dans les ténèbres du monde sensible, cette âme paraisse ridicule aux autres âmes qui prennent les ombres de la vérité et de la réalité pour la vérité et la réalité mêmes et qui raillent son trouble sans comprendre qu'il vient de ce qu'elle tombe de l'éclat du jour dans l'obscurité.

Toute âme peut donc s'élever de la région inférieure du monde des sens jusqu'au séjour radieux des *idées*. Le tout est de lui donner une bonne direction. Les âmes perverses sont souvent aussi bien voyantes et bien douées que les autres, mais les passions et les grossiers désirs les portent en bas, comme par des poids de plomb. Il faut couper ces liens, purifier ces âmes et les bien diriger.

Le gouvernement des États ne convient pas aux âmes incultes et étrangères à la connaissance de la vérité, il ne convient pas mieux aux contemplateurs solitaires qui s'enferment dans l'étude et y cherchent un bonheur égoïste. Il faut qu'après s'être livré à la contemplation du Bien, les hommes que nous destinons à gouverner l'Etat redescendent dans la société et appliquent à la direction de leurs concitoyens les connaissances sublimes qu'ils auront acquises. Il leur en coûtera sans doute, mais c'est une dette qu'ils devront acquitter envers l'État. De cette façon commanderont ceux qui seront riches, non pas d'or et d'argent, mais de sagesse et de vertu : le pouvoir ne sera plus une proie qu'on se dispute, ni un moyen de s'enrichir et de satisfaire une vaine ambition, mais un devoir qu'on remplit.

Mais comment et par quelles études formerons-nous de semblables caractères? La musique et la gymnastique ne suffisent plus ici, il faut des sciences ou des arts qui soient capables d'élever l'âme de ce qui paraît à ce qui est, de ce qui naît et périt à ce qui est immuable, sciences et arts qui soient en même temps utiles aux choses de la guerre.

L'arithmétique, la science du calcul est une de ces sciences, à la condition qu'on la considérera non dans ses applications subalternes et pratiques, mais comme un moyen qui facilite à l'âme la contemplation de l'être pur. De plus cette science donne à ceux qui s'y adonnent plus de facilité à apprendre et plus de pénétration.

La géométrie aussi, utile aux opérations de la guerre, et portant l'âme vers ce qui *est* toujours, nous conviendra également, pourvu qu'elle soit étudiée dans le même esprit large et désintéressé. Puis, après la géométrie des surfaces, nous ferons étudier la géométrie des solides, laquelle est peu avancée, faute de bons guides et parce que l'État nulle part ne s'est avisé d'en encourager et d'en honorer l'étude.

En quatrième lieu nous prescrirons à nos élèves l'étude de l'astronomie, non pas seulement pour connaître les phénomènes célestes et tirer de cette connaissance des applications pratiques pour l'a-

griculture et la navigation, mais pour comprendre
l'ordre et l'harmonie qui gouvernent les mouvements des corps célestes. En cinquième lieu, et
dans le même esprit, nous initierons nos élèves à
l'étude de la musique, non pour leur apprendre à
mesurer les intervalles des tons et leurs nuances
imperceptibles, mais pour qu'ils cherchent les
nombres harmoniques et s'élèvent par cette recherche à celle du beau et du bien.

Ces diverses sciences ne seront pour nous qu'un
prélude. Elles nous serviront à tirer les esprits de
la « caverne » du monde sensible et à les familiariser
avec le monde intelligible, en leur en présentant
l'image, et à les acheminer insensiblement à la
dialectique. C'est cette dernière qui donne véritablement la raison de chaque chose et, sans l'inter-
vention des sens, élève l'œil de l'âme jusqu'au
sommet du monde intelligible jusqu'à l'*idée* du
Bien. La géométrie et les autres sciences de la
même espèce ont bien quelque rapport avec l'être,
mais elles ne peuvent se séparer absolument des
données matérielles. La méthode dialectique, au
contraire, élève l'hypothèse jusqu'au principe, l'y
fait reposer et l'y fonde, et n'use nullement des
sens pour tirer l'œil de l'âme du bourbier où il est
honteusement plongé, mais elle emploie le secours de ces sciences ou de ces arts que nous venons de parcourir.

Ainsi nous appelons intelligence pure la première et la plus parfaite manière de connaître,
connaissance raisonnée la seconde, foi la troisième et conjecture la quatrième. Nous compre-
nons les deux premières sous le nom de science,
les deux autres sous le nom d'opinion, de sorte
que le rapport qui existe entre ce qui *est* et ce qui
naît se retrouve de la science à l'opinion, de l'in-

telligence pure à la foi, de la connaissance raisonnée à la conjecture.

Monde intelligible, κόσμος νοητός, γνωστός.	τὸ ὄν, ce qui est.	ἐπιστήμη, science.	νόησις, intelligence pure.
			διάνοια, connaissance raisonnée.
Monde sensible, κόσμος ὁρατός, δοξαστός.	τὸ γιγνόμενον, ce qui devient.	δόξα, opinion.	πίστις, foi.
			εἰκασία, conjecture.

Ce n'est pas avoir l'intelligence d'une chose
que de ne pouvoir rendre compte de ce qu'elle est,
non pas seulement selon l'opinion, mais selon la
réalité, et c'est par la dialectique qu'on peut définir et démontrer l'idée du Bien. Il est donc de
toute nécessité d'appliquer les jeunes gens auxquels on veut confier la direction de l'Etat à l'é-
tude de la dialectique qui fournira le modèle suprême qu'il s'agit de reproduire aussi fidèlement
qu'il est possible dans l'Etat. C'est pour cela que
la dialectique est, pour ainsi dire, le faîte et le
comble des autres sciences.

Quels sont ceux à présent à qui nous ferons
part de ces sciences et comment faudra-t-il les
leur enseigner ?

Nous avons dit quel était le caractère de ceux
qui sont propres à gouverner : vaillance, fermeté,
beauté, s'il est possible, pénétration d'esprit, facilité à apprendre, mémoire, amour du travail, ardeur pour l'étude, haine de l'ignorance. Avec des
hommes doués de semblables qualités la justice
elle-même n'aura aucun reproche à nous faire.
Notre Etat et nos lois se maintiendront.

Dès l'enfance, nos élèves étudieront l'arithmétique, la géométrie et les autres sciences qui serveront de préparation à la dialectique. Mais on bannira toute violence de ces études. Il faut qu'ils apprennent en jouant. Les leçons qui entrent de force dans l'âme n'y demeurent pas. Après leur avoir fait étudier chacune de ces sciences isolément, ceux qu'on aura choisis y reviendront à leur vingtième année, les considérant dans les liens qui les unissent et dans leurs rapports généraux. Par ce moyen on discernera les esprits les plus propres à la dialectique. En effet, « celui qui se place dans le point de vue général est dialecticien, les autres ne le sont pas. » Parmi les esprits que l'épreuve des sciences, de la guerre, et les autres épreuves prescrites auront montré les plus solides, dès l'âge de trente ans, on fera un nouveau choix pour distinguer ceux qui, sans s'aider de leurs sens, seront le plus capables de s'élever jusqu'à la vérité pure. Ici il faut la plus grande attention, car la dialectique, bonne et utile pour rendre raison de la vérité et la défendre, sert aussi à certains esprits pour l'attaquer et saper les fondements du juste et de l'honnête. Aussi nous interdirons la dialectique à nos élèves trop jeunes, car trop souvent les tout jeunes gens, lorsqu'ils y ont goûté, s'en enivrent en quelque sorte, s'en font un jeu, et, semblables à de jeunes chiens, harcèlent de leurs raisonnements tous ceux qu'ils rencontrent, jusqu'à ce que, tantôt vainqueurs et tantôt vaincus dans ces escarmouches, ils finissent par ne rien croire de ce qu'ils croyaient auparavant et donnent au public l'occasion de décrier la philosophie. Une autre précaution que nous prendrons sera de n'admettre à la dialectique que les esprits graves et solides.

Après cinq ans donnés à l'étude de la dialectique, ils redescendront de nouveau dans la vie
active et rempliront les emplois militaires propres aux jeunes hommes, afin que, sous le rapport de l'expérience, ils ne restent pas en arrière
des autres. Ce seront encore de nouvelles épreuves
qui dureront quinze ans. Après ce temps, âgés de
cinquante ans, ils s'occuperont de l'étude de la
philosophie et se chargeront, à tour de rôle, du
fardeau de l'autorité et de l'administration des
affaires, jusqu'à ce que, après avoir formé des citoyens qui leur ressemblent et puissent leur suc-
céder dans le gouvernement, ils passent de cette
vie dans les îles fortunées.

Voilà l'éducation de nos hommes et de nos femmes d'État, car tout est commun entre les deux
sexes.

Ainsi notre plan d'État n'est pas une chimère,
mais il n'est possible qu'à la condition que de
vrais philosophes aient l'autorité dans un État et
le constituent d'après leurs idées en séparant les
citoyens, dès leur enfance, du contact et de la
corruption des mœurs régnantes.

Livre VIII. — Après cette longue digression
(comprenant deux livres et demi) dans laquelle
Platon explique ce qu'il a entendu quand il a dit
que les États ne peuvent être bien gouvernés tant
qu'ils n'auront pas à leur tête des philosophes, et
où il s'étend sur le caractère du vrai philosophe
homme d'État et sur la manière dont on doit le
former, Platon parcourt les diverses formes de
gouvernement qui diffèrent de celle qu'il a imaginée et les caractères individuels qui correspondent
à chacun.

Le gouvernement dont il a tracé le plan est l'a-
ristocratie fondée sur la justice.

L'aristocratie peut dégénérer en timocratie lorsque, par défaut de surveillance ou de discernement des magistrats, les races d'or, d'argent, de fer et d'airain se mêlent et que chacun ne se trouvant plus à sa place, l'harmonie, c'est-à-dire la justice, est violée. Les races de fer et d'airain aspirent à s'enrichir. La contrainte préside à l'éducation au lieu de la persuasion. Les chefs ne sont plus des sages, mais des hommes chez lesquels la *colère*, θυμός, domine. Les exercices violents prévalent. Les guerriers regardent les agriculteurs et les artisans comme des esclaves. Tout le mal vient de ce que, dans un pareil État, on a négligé la véritable muse, c'est-à-dire l'étude de la dialectique et de la philosophie, et qu'on a préféré la gymnastique à la musique[1]. L'homme dont le caractère répond à ce gouvernement est d'esprit peu cultivé, dur envers ses esclaves, ambitieux, passionné pour les exercices du corps et pour la guerre et ami des richesses. La raison ne tient plus les rênes de son âme, c'est la colère qui le gouverne.

Le gouvernement oligarchique est une dégradation de la timocratie. Le cens décide de la condition des citoyens. A mesure que l'autorité des richesses augmente, l'autorité de la vertu diminue. Un pareil État renferme deux États, l'un composé de riches, l'autre de pauvres, qui conspirent sans cesse les uns contre les autres. En haut la défiance, en bas l'envie et les convoitises. Les fonctions publiques y sont exercées au mépris des dispositions naturelles. Les oisifs abondent et avec eux les pauvres et les voleurs.

L'homme oligarchique est celui chez lequel l'a-

1. Critique évidente de la constitution de Sparte.

varice domine et qui met sa raison et toute sa
force d'âme au service de cette passion vile.

L'oligarchie dégénère en démocratie, le nombre
des pauvres augmentant. Ceux-ci ouvrent les yeux
et se comptent : ils s'avisent que ceux qui gouvernent ne doivent leur autorité qu'à la lâcheté du
plus grand nombre et non à leur vertu ou à leur
mérite. L'esprit de révolution souffle parmi les
masses, la discorde éclate. Les plus nombreux
l'emportent sur les riches, massacrent les uns,
chassent les autres, se partagent les charges publiques et remplacent le cens par le tirage au
sort.

L'extrême licence est le caractère de ce gouvernement. Chacun peut être juge, magistrat : c'est
comme un marché de charges publiques. L'amour
du beau et de l'honnête est foulé aux pieds. Faire
parade de zèle pour les intérêts du peuple est le
sûr moyen d'arriver. L'égalité y est établie entre
des choses inégales [1].

Quant à l'homme démocratique, sa conduite est
sans règle et sans frein. Le caprice et la fantaisie
sont sa seule loi. La démocratie pure dérive à la
tyrannie. Celle-ci ne prend naissance d'aucun autre
gouvernement que du gouvernement populaire.
C'est l'ordre même des choses. De l'excès de la
liberté naît l'excès de la servitude. Les oisifs qui
gouvernent accusent les riches d'aspirer à rétablir
l'oligarchie. La foule des travailleurs, facile à tromper, choisit alors un de ses chefs en qui elle a
confiance, car « c'est de la tige de ces protecteurs
du peuple que naît toujours le tyran ». Ce chef s'appuie sur la multitude, la captive en lui présentant

1. Évidente critique de la démocratie athénienne à la fin de

la guerre du Péloponèse et dans
les années qui suivirent.

le mirage de l'abolition des dettes et du partage des terres et se met en guerre ouverte avec ceux qui ont quelque fortune et quelque vertu. Si ceux-ci le chassent et qu'il parvienne à rentrer, il revient tyran accompli. Si les riches conspirent contre lui, il adresse au peuple la fameuse requête du tyran, demande et obtient une garde, prend le pouvoir et écrase ses ennemis. Gracieux d'abord et affable pour le petit peuple, une fois qu'il se sent solidement assis au pouvoir, il fomente des guerres, pour qu'on ne puisse se passer d'un chef, et, qu'écrasés de contributions, les riches soient moins dangereux pour lui. Il frappe tous ceux qui ont du courage et des richesses, s'entoure d'une garde nombreuse composée de mercenaires et d'esclaves qu'il affranchit.

Et si le peuple s'irrite et déclare qu'il l'a mis au pouvoir pour être, sous ses auspices, libre du joug des riches et de ceux qu'on appelle dans la société des « honnêtes gens, » et non pour le nourrir lui et ses satellites, le peuple verra bientôt qu'il a élevé dans son sein un fils ingrat, parricide, et que celui qu'il veut chasser est plus fort que lui.

Livre IX. — Platon a suivi le progrès de la corruption des gouvernements et a montré le meilleur de tous, le gouvernement aristocratique dégénérant en timocratie, celui-ci en oligarchie, l'oligarchie en démocratie, et ce dernier, par une pente naturelle et pour ainsi dire fatale, tombant en tyrannie. En face de ces types de gouvernement il a placé les caractères d'hommes individuels qui leur correspondent. Dans le IXᵉ livre il s'arrête à décrire le caractère de « l'homme tyrannique, » et montre qu'il est à la fois le plus injuste et le plus malheureux. L'homme tyrannique est le type du parfait scélérat. Les passions les plus violentes et les plus basses le gouvernent, et, pour les satisfaire, il n'est pas de crime et de forfait qu'il ne commette sans scrupule.

La condition d'un pareil homme est de toutes la plus misérable. De même que dans le gouvernement tyrannique les citoyens les meilleurs sont les plus opprimés et qu'on n'entend nulle part plus de sanglots et plus de gémissements, ainsi de l'âme tyrannique les plus nobles facultés sont asservies, étouffées. Les passions, nées pour servir, sont maîtresses, l'âme entière en est déchirée, tourmentée. Elle est en proie au désordre et à la pire misère, et si un pareil homme devient en fait le tyran de sa patrie, esclave de ses esclaves, assailli de continuelles frayeurs, il sera le plus malheureux des hommes comme il en est le plus injuste et le plus méchant. L'âme tyrannique est l'opposé de l'âme royale, la première est la plus injuste et la plus misérable, l'autre la plus heureuse aussi bien que la plus juste.

En second lieu aux trois parties de l'âme correspondent trois caractères d'hommes, le philosophe où domine la raison, l'ambitieux où la force veut prendre le plus d'extension possible, et l'homme avide de gain ou l'homme intéressé. De ces trois hommes quel est le meilleur juge des vrais biens et du vrai bonheur ? Évidemment l'homme de raison, le sage, le philosophe. Ce qui mérite l'estime du philosophe est donc véritablement digne d'estime, et quand le sage vante le bonheur de sa condition il parle avec l'autorité du meilleur juge. Or le sage met au premier rang le bonheur de la sagesse et au dernier les satisfactions basses de l'homme intéressé. La vie du sage ou la vie conforme à la justice est donc la plus heureuse.

En troisième lieu la plupart des plaisirs qui

passent par le corps sont plutôt des cessations de
douleur que des plaisirs véritables et positifs. Or
la vérité qui rassasie la faim de l'intelligence a
plus de réalité que les aliments périssables du
corps. L'âme aussi a plus de réalité que le corps.
Donc les plaisirs qui naissent de la satisfaction
des besoins de l'âme sont plus vrais et plus solides que ceux qui naissent de la satisfaction des
besoins du corps. Donc le bonheur du sage est le
plus pur et le plus réel, et celui de l'homme qui
s'éloigne le plus de la sagesse le plus faux. Donc
la condition de l'homme juste surpasse infiniment
la condition de l'homme injuste.

On soutenait[1] que l'injustice est avantageuse au
parfait scélérat pourvu qu'il passe pour homme de
bien. Mais parler de la sorte, c'est dire, en ima-
ginant l'âme sous la triple forme d'un homme,
d'un lion et d'un monstre à plusieurs têtes[2], qu'il
lui est avantageux de nourrir avec soin et de fortifier le monstre à plusieurs têtes et le lion et de
laisser l'homme s'affaiblir et mourir de faim.

Vanter la justice, au contraire, c'est déclarer qu'il
faut travailler à rendre le véritable être humain
enfermé dans l'homme le plus fort possible, le plus
capable de commander au monstre à plusieurs têtes à l'aide de la force du lion ; enfin de donner à
tous des soins communs et de les maintenir en
bonne intelligence, chacun à sa place et dans son
rôle.

Qu'on regarde ou non la bonne renommée, la

1. *République*, I.
2. On comprend que Platon
entend par ces trois figures les
trois parties de l'âme dont il
parle si souvent : l'homme est la
raison; le lion le θυμός; la bête
à plusieurs têtes, l'ἐπιθυμία,
qu'il compare ailleurs à un animal sauvage qui se débat dans
une cage.

vérité est évidemment du côté des partisans de la justice. Car d'où vient la distinction de l'honnête et du déshonnête et l'estime qu'on fait du premier si ce n'est que la partie animale de notre nature y est soumise à la partie divine. Or n'est-ce pas à la fois le comble de l'abaissement et du malheur que la condition de celui chez qui ce qu'il y a de plus divin dans l'homme serait asservi à ce qu'il y a de plus pervers et de plus vil?

D'où vient qu'on blâme les mœurs licencieuses, l'arrogance, l'humeur irritable, le luxe, la mollesse, la flatterie et la bassesse, si ce n'est parce que le bon ordre de l'âme est troublé et que l'empire qui appartient naturellement à l'*homme* est usurpé par le *lion* ou le *monstre à plusieurs têtes*? Et de même que la chose la plus avantageuse pour l'âme est d'être gouvernée par la partie raisonnable, de même, pour les artisans et les manœuvres, ce qu'il y a de plus avantageux est de se soumettre à l'homme juste, qui lui-même obéit intérieurement à la voix de Dieu.

Enfin, comment prétendre qu'il soit avantageux à l'homme coupable de ne pas paraître tel et d'échapper au châtiment? L'impunité ne rend-elle pas le méchant plus méchant encore, au lieu que la punition l'adoucit et lui rend pour ainsi dire la santé de l'âme[1]?

La règle que tout homme sensé devra toujours avoir à l'esprit est celle-ci : tenir toujours les yeux fixés sur le gouvernement de son âme, prendre garde d'en déranger l'équilibre, repousser tout ce qui risquerait d'en altérer l'ordre, d'en troubler l'harmonie, ne rechercher la santé, la force, la

---

1. Voyez la théorie de l'expiation dans le *Gorgias*.

beauté du corps et tout le reste que dans l'intérêt de son âme.

Livre X, — Dans le second et dans le troisième livre de la *République* Platon, parlant de l'éducation qui convient aux enfants, et des fables dont on trouble d'ordinaire leur jeune imagination, et de toutes les fausses idées dont les poètes embarrassent leur esprit avait banni de sa cité les poètes et leurs mensongères fictions. Il revient ici sur ce sujet.

Chaque objet peut être considéré sous un triple aspect : d'abord l'idée générale, exemplaire des objets particuliers et qui en est le type impérissable ; en second lieu, l'objet particulier avec ses qualités spéciales ; enfin la représentation de l'objet particulier qui est lui-même une représentation du type idéal et essentiel. Ainsi il y a trois *lits* : le lit en soi ou lit idéal dont Dieu est l'auteur ; le lit visible dont le menuisier est l'artisan et le lit représenté par le peintre. L'œuvre du peintre et de tout imitateur qui prend pour modèle non là chose prise en elle-même, mais la chose telle qu'elle paraît, est donc éloignée de la réalité de trois degrés.

Les fictions et représentations d'Homère et des autres poètes, qu'elles aient pour objet la vertu ou toute autre chose, ne sont que des imitations de fantômes et d'apparences. Flatteurs de la multitude ignorante, ces poètes représentent de préférence ce qui lui plaît et s'adressent aux sens et aux passions.

Ils nous montrent les hommes emportés par la joie ou la douleur, à propos d'événements imaginaires. Les douleurs violentes et les transports excessifs que notre raison nous ordonne de réprimer sont ce qu'ils peignent de préférence ; par là

ils remuent et ils réveillent en nous la partie dé-
raisonnable de l'âme. De plus, ils excitent en nous
la pitié et la sympathie au spectacle des gémissements et des lamentations d'un héros infor-
tuné. Ils aiguisent ainsi et avivent notre sensibilité; nous apprenant à pleurer devant des maux
mensongers, ils nous désarment devant ceux qui
nous peuvent frapper. L'habitude de l'émotion
ou du rire immodéré qu'on prend à entendre
les poètes tragiques ou comiques est pernicieuse
pour l'âme et compromet l'empire que la raison
doit garder toujours sur les passions. Les poètes imitateurs fournissent ainsi des aliments à
nos passions : c'est pour cela que nous n'admettrons dans notre État que les hymnes en
l'honneur des dieux et les éloges des grands
hommes. Du jour où on y recevrait la « muse vo-
luptueuse et passionnée », le plaisir et la douleur
y régneraient au lieu de la loi. Car « c'est un grand
combat, et tout autre qu'on l'imagine, celui où il
s'agit de devenir vertueux ou méchant; combat
d'une telle importance, que ni la gloire, ni la richesse, ni la puissance, ni enfin la poésie ne méritent que nous négligions pour elles la justice et
les autres vertus. »

Il reste maintenant pour conclure, rassurer et
fortifier encore l'homme de bien, de parler des
récompenses qui lui sont réservées.

L'âme est immortelle de sa nature. Les maladies qui détruisent le corps ne peuvent l'atteindre.
Le vice et l'injustice qui sont les maladies propres
de l'âme la rendent plus mauvaise, mais ne sauraient la dissoudre. De plus, par essence, l'âme
est simple et non composée de parties. Elle n'est
pas seulement immortelle, elle est éternelle, car

si le nombre des âmes pouvait augmenter, l'âme immortelle se formerait de ce qui est mortel et toutes choses finiraient par être immortelles. De plus, si l'on considère attentivement l'âme en elle-même et si l'on regarde à quoi elle s'attache et où elle aspire, on conclura de ses goûts et de ses aspirations qu'elle est de même nature que ce qui est impérissable et divin.

Venons-en donc aux récompenses que reçoit la vertu et qui sont un encouragement à l'embrasser. Les dieux et les hommes estiment les hommes de bien ; si ces derniers parfois les méconnaissent, les dieux ne se trompent pas. Ils choisissent les hommes justes et ne les négligent pas même ici-bas. Et les hommes mêmes, quoiqu'ils s'égarent parfois, rendent le plus souvent à la vertu les honneurs qu'elle mérite. Mais c'est dans l'autre vie surtout qu'un juste jugement récompense la justice et punit l'injustice.

C'est ici que Platon place dans la bouche d'Er de Pamphylie, miraculeusement ressuscité, la suprême leçon que la philosophie seule ne peut donner. C'est un mythe pythagoricien sur le jugement des âmes, leur séparation, puis leur retour sur la terre dans des corps d'hommes ou d'animaux après avoir bu les eaux du Léthé.

« Ce mythe, mon cher Glaucon, dit Socrate en terminant, a été préservé de l'oubli, et il peut nous préserver nous-mêmes de notre perte. Si nous y ajoutons foi, nous passerons heureusement le fleuve Léthé, et nous maintiendrons notre âme pure de toute souillure. Et si c'est à moi, mes amis, qu'il vous plaît d'ajouter foi, persuadés que l'âme est immortelle et qu'elle est capable par sa nature de tous les biens, comme de tous les maux, nous marcherons sans cesse par la route qui conduit en haut, et nous nous attacherons de toutes nos forces à la pratique de la justice et de la sagesse, afin que nous soyons en paix avec nous-mêmes et avec les dieux, et que, durant cette vie terrestre et quand nous aurons remporté le prix destiné à la vertu, comme des athlètes victorieux qu'on mène en triomphe, nous soyons heureux ici-bas et dans ce voyage de mille années que nous venons de raconter. »

C'est par ces paroles d'encouragement et de religieuse espérance que se termine le dixième et dernier livre de la *République*.

TROISIÈME PARTIE.

ESSAI SUR LA DIALECTIQUE ET LA THÉORIE DES IDÉES DE PLATON.

La philosophie débuta en Grèce par où elle devra finir, si tant est qu'elle finisse jamais, c'est-à-dire si l'homme arrive à mettre ses connaissances de niveau avec sa curiosité, et à résoudre définitivement toutes les questions qu'il peut poser sur les causes premières et les premiers principes de toutes choses.

Certains philosophes, frappés du spectacle de la nature, de son incessante mobilité et de ses perpétuelles transformations, placèrent dans un ou plusieurs « éléments » physiques la cause génératrice et la matière primordiale du monde. Le groupe de ces philosophes compose ce qu'on appelle l'école ionienne. Aristote les nomme *physiciens* et *physiologistes*. D'autres, considérant dans

l'universelle mobilité l'ordre et l'harmonie, préten-
dirent que les nombres étaient les principes premiers et régulateurs de toutes choses. Ce sont les
pythagoriciens, auteurs d'une cosmologie étrange,
chimérique, mais pleine de vues élevées et consti-
tuant en somme un progrès dans le développement
du génie grec. Aristote les appelle *mathémati-
ciens*. D'autres enfin, partant des contradictions
des données de l'expérience et des données de la
raison, et de l'impossibilité de concilier les connaissances que nous devons à ces deux sources,
placèrent l'être dans l'unité immobile conçue par
la raison et inaccessible aux sens. Ce sont les philosophes de l'école d'Élée. Aristote leur devait le
titre de *métaphysiciens*, qu'ils méritent; mais il
paraît professer pour eux un injuste dédain.

Or vers le milieu du cinquième siècle avant notre
ère, un phénomène considérable se produisit, et
de grande conséquence pour l'avenir de la philosophie grecque. Les diverses doctrines qui jusqu'alors s'étaient développées isolément et n'a-
vaient pas été en contact les unes avec les autres,
se rapprochèrent et trouvèrent un centre commun
à Athènes, qui devint le foyer de la philosophie,
comme elle était déjà le foyer des arts, de la
poésie et de l'éloquence. Socrate, âgé de quinze
ans, s'entretenant avec le vieux Parménide et son
disciple Zénon, n'est peut-être que le symbole de
la fusion et du choc fécond des écoles philosophiques auparavant séparées.

« A ces diverses philosophies, dit Aristote[1], suc-
céda celle de Platon, d'accord le plus souvent avec
les doctrines pythagoriciennes, mais qui quelquefois aussi a ses vues particulières et s'écarte de

---

[1] Aristote, *Métaphys.*, I, 6.

l'école italique. Platon, dès sa jeunesse, s'était familiarisé dans le commerce de Cratyle[1], son premier maître, avec cette opinion d'Héraclite, que tous les objets sensibles sont dans un écoulement perpétuel et qu'il n'y a pas de science possible de ces objets. Plus tard, il conserva cette même opinion. D'un autre côté, disciple de Socrate, dont les travaux, il est vrai, n'embrassèrent que la morale, et nullement l'ensemble de la nature, mais qui toutefois s'était proposé dans la morale le général comme but de ses recherches, et le premier avait eu la pensée de donner des définitions, Platon, héritier de sa doctrine, habitué à la recherche du général, pensa que ses définitions devaient porter sur des êtres autres que les êtres sensibles; car comment donner une définition commune des objets sensibles qui changent continuellement? Ces êtres, il les appelle *idées*, ajoutant que les objets sensibles sont placés en dehors des idées et reçoivent d'elles leur nom; car c'est en vertu de leur participation avec les idées que tous les objets d'un même genre reçoivent le même nom que les idées. Le seul changement qu'il ait introduit dans la science, c'est le mot de *participation*. Les pythagoriciens, en effet, disent que les êtres sont à l'*imitation* des nombres; Platon, qu'ils sont par leur *participation* avec eux. Le nom seul est changé. »

Ce témoignage d'Aristote est d'extrême importance. Les traits principaux et, si l'on peut parler

---

1. Cratyle, disciple d'Héraclite, et qui poussa à un étrange excès la doctrine de son maître. Il professait l'absolue incertitude de toutes choses. Rien, selon lui, à cause de cette incertitude, ne pouvait être ni connu, ni pensé, ni nommé. La sagesse consistait à rester dans un silence absolu.

ainsi, les articulations de la philosophie platonicienne sont ici sèchement, mais nettement indi-
qués, Platon, en effet, a combattu la philosophie
d'Héraclite, il a donné à la science un objet supérieur au monde sensible, il s'est appuyé sur l'enseignement et la méthode inductive de Socrate, et a
reproduit, en l'élargissant singulièrement, la théorie imaginée par Pythagore pour rendre raison
des choses.

Mais dans l'indication des sources et des antécédents de la philosophie platonicienne, Aristote
a négligé de mentionner la doctrine de Parménide
et de Zénon d'Elée, pour ne pas parler de l'école
de Mégare, dont les rapports avec les théories de
Platon vinrent peut-être de communications et
d'emprunts mutuels.

Les origines du platonisme doivent donc être
cherchées dans l'école d'Héraclite, dans l'école
d'Elée et dans l'enseignement de Socrate.

Le caractère essentiel du platonisme est la largeur et la compréhension. Platon, lui aussi, semble
s'être dit ce mot d'un docteur chrétien : « Tout ce
qui a été pensé de bon avant moi m'appartient[1].»
Il est venu à la suite d'un grand développement
en divers sens de la pensée grecque. Il le résume,
le complète et le fortifie. Les égarements même
de ses prédécesseurs, il a su les mettre à profit, et
les tourner au profit de la vérité. De l'héraclitéisme
et de l'éléatisme il a pris ce qu'il y avait de solide,
il a réconcilié les divergences et uni les opposi-
tions, et fait servir à une synthèse nouvelle les
éléments en apparence les plus disparates.

1. Saint Justin, I, *Apolog.* Sénèque, avant saint Justin, avait dit de même : « Quod verum « est meum est » (*Ep.* xii); et « Quidquid bene dictum est « ab ullo meum est (*Ep.* xvi).

L'objet d'Héraclite était de comprendre l'existence universelle et d'en déterminer exactement la formule. Platon définit la pensée d'Héraclite : l'existence est un devoir perpétuel, quelque chose qui toujours se meut, qui toujours change, qui naît pour mourir, paraît pour disparaître, et se dérobe perpétuellement à toutes les prises de la raison. C'est dans le sentiment de cette universelle mobilité des choses qu'Héraclite puisait cette mélancolie que lui attribue la tradition.

Platon s'est emparé de cette pensée, mais il a ajouté de nouveaux horizons à l'horizon borné d'Héraclite. Le monde sensible est pour lui comme une ombre d'un monde supérieur, du monde intelligible, seul réel. Platon complète ainsi la pensée d'Héraclite. Il la reçoit, mais ne s'y arrête pas. Il ne se concentre pas, comme lui, dans le cercle des phénomènes et des apparences ; il y prend son point d'appui pour s'élancer, pour s'élever jusqu'au principe éternel, immobile, dont ces phénomènes sont en quelque sorte les reflets.

D'un autre côté, que trouve-t-il dans la doctrine de Parménide ? L'idée de la stabilité et de l'unité nécessaire de l'être. Par delà le domaine des sens et de l'imagination, le philosophe éléate avait saisi un principe caché que la parole ne peut nommer, que la pensée peut à peine saisir, un être absolu, infini, complet, type éternel et immobile de l'existence.

Platon s'empare de cette idée, vraie par ce qu'elle affirme, fausse en ce qu'elle nie la vie et l'activité. « Mais quoi, par Jupiter ! dit-il, nous persuadera-t-on si facilement que, dans la réalité, le mouvement, la vie, l'âme, l'intelligence, ne conviennent pas à l'être absolu ; que cet être ne vit, ni ne pense, et qu'il demeure immobile, sans avoir part à l'auguste et sainte intelligence ? »

Les pythagoriciens semblaient avoir pris un moyen terme pour rapprocher et unir les deux éléments de la vie universelle : l'absolu et le relatif, l'infini et le fini. Ils avaient cru le trouver dans les nombres. Ils avaient considéré toute réalité sous ce point de vue nouveau. Dieu est l'unité ; le monde est la variété, la multiplicité indéfinie. Entre Dieu et le monde se placent les nombres idéaux ἀριθμοὶ νοητοί, lesquels introduisent un principe de différence au sein de l'unité divine, et permettent de la déterminer et de lui assigner des attributs.

Il est permis de dire que le nombre idéal a quelque rapport avec l'*idée* platonicienne.

Il nous reste à marquer ce que Platon doit à Socrate.

Avant Socrate et les *sophistes* ses précurseurs, en un sens, le point de vue *objectif* domine : les uns placent l'unique réalité dans le monde phénoménal, les autres dans des conceptions rationnelles. Nul ne s'inquiète du *subjectif*, de l'existence intellectuelle. Anaxagore le premier balbutie le nom de l'intelligence, et y place le principe de l'ordre et de l'harmonie universelle. Mais avec les sophistes le point de vue subjectif, négligé jusqu'alors, devient dominant.

Les sophistes ont rendu à la philosophie cet important service de ramener la pensée sur elle-même. Ils ont abusé de la critique, sans doute, mais ils l'ont fondée, et c'est par leur prétention de tout réfuter et de montrer partout l'opposition des idées et la pensée également forte dans la thèse et dans l'antithèse qu'ils ont suscité Socrate, le prince des sophistes, si l'on s'arrête à la surface, et le chef des réfutateurs et des critiques à outrance, mais, à bien prendre, dans sa mesure, génie très-affirmatif et très-dogmatique. Or toute l'originalité de Socrate réside dans trois formules : le γνῶθι σεαυτόν (connais-toi, toi-même), l'ἐπαγωγή, ou ἐπακτικοὶ λόγοι, ou μαιευτικὴ τέχνη (l'induction, ou discours inductifs, ou l'art d'accoucher les esprits); enfin l'εἰρωνεία Σωκρατική (l'ironie socratique).

L'ironie socratique, l'art de se faire humble, petit, ignorant, d'interroger avec bonhomie, de placer doucement les gens en contradiction avec eux-mêmes, sous prétexte de s'éclairer, de mettre à nu la présomption et l'impertinente ignorance, cet art est si propre à Socrate, qu'on peut dire qu'il ne l'a reçu de personne, ni légué à personne. L'ironie, du reste, est arme de polémique, et non d'édification et de construction dogmatique.

Le γνῶθι σεαυτόν est autre chose. C'est un nouveau point de vue ouvert aux recherches philosophiques, le point de vue de la conscience, un nouveau monde en quelque sorte découvert, le monde moral[1]. On cherchait la vérité au dehors. Socrate a enseigné que pour la trouver, l'âme ne doit pas sortir d'elle-même, mais rentrer en soi; que la conscience seule peut donner la véritable notion de l'être, que ne peuvent fournir ni les images des sens, ni les abstractions du raisonnement.

Par ce côté, Socrate, qui n'a pas fondé de sys-

1. Socrates mihi videtur, id quod constat inter omnes, primus a rebus occultis et ab ipsa natura involutis, in quibus omnes ante eum philosophi occupati fuerant, avocavisse philosophiam et ad vitam communem adduxisse; ut de virtutibus et vitiis omninoque de bonis rebus et malis quæreret, cœlestia autem vel procul esse a nostra cognitione censeret. (Cic., Ac. I, 4.)

tème, est bien le maître de Platon, et, on peut le dire, le père du spiritualisme.

Maintenant, en éliminant dans l'examen des questions le particulier, le variable, l'accidentel; en cherchant par des généralisations progressives et bien conduites un élément général, Socrate a fourni une base et un point de départ aux investigations plus hardies et plus profondes de Platon. L'idée, sans doute, déborde singulièrement le genre et l'espèce où Socrate bornait sa recherche; mais les procédés logiques de Socrate sont les procédés préparatoires de la dialectique platonicienne. Celle-ci les dépasse, mais s'appuie sur eux.

Tels sont, rapidement exposés, les antécédents du platonisme. Nous nous proposons maintenant de présenter une rapide esquisse de la Métaphysique platonicienne. Tant et de si considérables travaux ont été faits sur la philosophie de Platon, et par des esprits si divers, jusqu'en ces derniers temps[1], que la prétention à l'originalité serait quelque peu impertinente. Notre seule ambition est de donner de cette doctrine une idée claire et exacte.

Le fond de la doctrine de Platon est la théorie

1. M. V. Cousin : *Arguments des divers dialogues de Platon.* — M. Ravaisson : *Essai sur la Métaphysique d'Aristote.* — Paul Janet : *Étude sur la dialectique dans Platon et dans Hégel.* — Nourrisson : *Théorie platonicienne des Idées.* — E. Lefranc : *De la critique des idées platoniciennes par Aristote au Ier livre de la Métaphysique.* — Les Histoires de l'École d'Alexandrie, par MM. Vacherot et Jules Simon. — Chaignet : *La Psychologie de Platon.* — Th.-Henri Martin : *Études sur le Timée.* — George Grote : *Plato and the other companions of Sokrates,* 3 vol, Londres, 1865. — Alfred Fouillée : *La Philosophie de Platon,* 1869.

des *idées*, et le caractère de cette doctrine est l'idéalisme. Platon sans doute n'a pas inventé l'idéalisme. Il l'a constitué et en a créé le nom. Il l'a présenté sous la forme d'un vaste système, incertain et flottant trop souvent, soit à cause de l'obscurité des problèmes posés, soit à cause de la forme abondante, variée, mais pleine de détours, de circuits et d'ondoiements de sa méthode d'exposition. De là est venue la possibilité de prendre, pour ainsi parler, ce système par plusieurs anses. Dans l'antiquité déjà, il paraît que Speusippe et Xénocrate, les plus fidèles disciples de Platon par l'esprit et le cœur, ne virent dans la doctrine de leur maître que l'élément pythagoricien, et finirent par dessécher cette philosophie en la résolvant en une théorie des Nombres où toutes les grandes idées de Platon ne pouvaient trouver place. Aristote, le plus célèbre et le plus libre auditeur de Platon, a vu la méthode entière de son maître dans une suite de procédés exclusivement logiques aboutissant à des conceptions abstraites auxquelles le disciple de Socrate prodigue l'être sans raison. Plus tard, les prétendus continuateurs du platonisme, Arcésilas et Carnéade, ont, eux aussi, étrangement altéré sa méthode. De ce que plusieurs dialogues de Platon sont entièrement réfutatifs et dépourvus de conclusion positive, ils ont conclu que toute la méthode de Platon consiste dans la réfutation, et que son dernier mot sur chaque question est qu'il faut se garder de rien affirmer. C'est aussi ce point de vue qui paraît avoir frappé un des derniers et des plus éminents interprètes contemporains du platonisme[1], M. G. Grote n'a voulu voir dans le platonisme

1. *Plato and the other companions of Sokrates* by George | Grote. 3 vol. in-8. Londres, 1867.

que l'esprit critique, qui y tient, il est vrai, une fort grande place, et qui est admirable en effet. Laissant dans l'ombre un dogmatisme inconsistant selon lui, sans portée et si insaisissable qu'on court risque, en voulant le fixer, de prêter à Platon des opinions qu'il n'a pas professées, il s'est borné à mettre en lumière la subtilité et la force avec laquelle il a poursuivi les préjugés, les illusions, les affirmations téméraires, les idées obscures ou mal digérées. La gloire éternelle de Platon, pour MM. Stuart Mill et Grote, c'est d'avoir, au nom du libre examen, fait, de main de maître, la police des erreurs de son temps. D'autres critiques, suscités par l'enseignement de M. Cousin, ont peut-être trop effacé les tâtonnements, les indécisions et les contradictions qui apparaissent dans les dialogues, et s'appuyant sur certains passages, négligeant les autres, c'est-à-dire faisant un choix pour donner plus d'unité au système, ont pu se faire accuser de s'être attachés, dans la doctrine de Platon, à ce qui leur plaisait, et d'en avoir fait le platonisme entier. Enfin, pour le public mêlé, le nom de Platon est resté celui d'un rêveur, d'un poète, étranger aux sévères méthodes scientifiques.

De cette variété d'opinions et de jugements on peut déjà, ce semble, tirer cette conclusion immédiate et qui s'impose d'elle-même, c'est que la partie polémique et critique de l'œuvre de Platon est plus ferme et plus précise que la partie dogmatique. C'est que le philosophe a été plus maître de sa pensée dans l'attaque que dans la construction systématique et positive ; c'est qu'il a plus excellé dans le contrôle et la vérification des idées des autres que dans l'exposition des siennes. C'est en effet, à notre avis, une ressource bien extrême et un argument quelque peu contestable d'alléguer un enseignement secret, des dogmes non écrits, qui eussent expliqué, éclairci, soutenu tout ce qu'il y a d'obscur, de vague et de flottant dans les *dialogues*.

La théorie des *Idées* repose sur la considération du monde sensible. Les sens qui nous mettent en rapport avec lui ont un double rôle. Ils nous avertissent de l'existence des objets qui nous entourent, et en second lieu nous fournissent quelques données confuses sur leurs rapports. Ainsi le toucher et la vue ne nous apprennent pas seulement que tel corps existe, mais qu'il est grand ou petit, dur ou mou, froid ou chaud. Ces deux sortes de perceptions ont cela de commun qu'elles se rapportent l'une et l'autre aux objets sensibles, mais si leur objet est le même, la disposition qu'elles éveillent dans l'âme est fort différente. Les premières, en effet, celles qui nous révèlent l'existence pure et simple des objets sensibles, la trouvent et la laissent, pour ainsi parler, indifférente. Les autres, au contraire, éveillent sa réflexion. La raison en est qu'un corps, un doigt, par exemple, nous paraît également un doigt, que ce soit celui du milieu ou quelque autre, qu'il paraisse blanc ou noir, gros ou fin, et ainsi du reste. Nul, en cela, n'a besoin d'avoir recours à son intelligence et de chercher ce que c'est qu'un doigt. Car le sens de la vue n'a jamais montré à personne qu'un doigt fût en même temps doigt et autre chose qu'un doigt[1].

Il n'en est pas de même à l'égard des données qui nous font soupçonner les rapports des choses sensibles entre elles. Elles invitent l'âme à la ré-

_____

1. *République*, VII, VII.

flexion, et pour deux raisons, l'une tirée de la condition des objets sensibles, l'autre de la condition des sens qui nous en révèlent l'existence. D'une part, en effet, lorsque l'on considère la foule de belles choses « dont repaît sa vue cet amateur de spectacles qui ne peut souffrir qu'on lui parle du beau, du juste ou de toute autre réalité absolue ; ces belles choses qu'il juge belles, justes, saintes ne paraissent-elles pas, sous quelque point de vue, n'être ni belles, ni justes, ni saintes? Une quantité double paraît-elle moins pouvoir être la moitié que le double d'une autre, et j'en dis autant des choses qu'on appelle grandes ou petites, pesantes ou légères : chacune de ces qualifications leur convient-elle plutôt que la qualification contraire? Non sans doute, car elles tiennent toujours de l'une et de l'autre; de sorte que les mêmes choses paraissent belles et laides, et ainsi du reste [1]. »

D'autre part, quelle est la condition du sens qui en révèle l'existence? Evidemment c'est de nous la révéler selon ce qu'elle est, c'est-à-dire comme renfermant les contraires. « Le sens qui se rapporte à ce qui est dur ne peut en juger qu'après s'être appliqué à ce qui est mou, et fait connaître à l'âme qu'au rapport de la sensation c'est une seule et même chose qui est à la fois dure et molle. Comment donc alors l'âme ne serait-elle pas embarrassée de ce que peut être un même objet que le même sens déclare en même temps dur et mou, et de même de ce que peut être la pesanteur et la légèreté, quand le même sens dit que ce qui est pesant est léger et que ce qui

---

1. *République*, V, p. 318, trad. Cousin.

est léger est pesant[1]. » De sorte que l'âme, troublée par les rapports contradictoires des sens, mais faite pour la vérité, appelle à son secours la réflexion, qui sommeillait jusqu'à ce moment.

L'étonnement et le trouble où la contradiction nécessaire des données des sens jette l'âme, voilà donc l'occasion de son premier éveil. Voyons quel sera son premier pas dans la science.

Puisque la cause de son étonnement et de son trouble vient de la contradiction des données sensibles, il est naturel qu'elle cherche d'abord à faire disparaître cette contradiction. « Le sens de la vue, avons-nous dit, perçoit la grandeur et la petitesse, non comme choses distinctes, mais confondues ensemble. Pour démêler cette confusion, il faut que l'intelligence considère la grandeur et la petitesse non plus comme choses mêlées ensemble, mais comme choses distinctes l'une de l'autre, au contraire du sens de la vue[2]. » De là la conception de la grandeur et de la petitesse.

Mais qu'est-ce que cette conception de la grandeur et de la petitesse? Nous disons fréquemment qu'il y a de l'égalité entre un arbre et un arbre, entre une pierre et une pierre, et autres choses semblables, « mais d'où avons-nous tiré cette connaissance? Est-ce des choses dont nous venons de parler, de sorte qu'en voyant des arbres égaux, des pierres égales, et plusieurs autres choses de même nature, nous nous sommes formé l'idée de l'égalité[3]? » Mais il n'en peut être ainsi, et cela pour plusieurs raisons :

1° Si nous disons qu'il y a de l'égalité entre un arbre et un arbre, une pierre et une pierre, et

1 *République*, VII, VII.   3. *Phédon*, p. 223, traduct.
2. *Ibid.*, VII, VII.   Cousin.

autres choses semblables, nous disons aussi que cette égalité en elle-même est quelque chose qui en est distinct.

2° Les pierres, les arbres, quoiqu'ils restent souvent dans le même état, nous paraissent tour à tour égaux ou inégaux, plus grands ou plus petits, selon les objets auxquels on les compare. Il n'arrive jamais, au contraire, que l'égalité paraisse inégalité, la grandeur petitesse et réciproquement.

3° Quand nous concevons l'égalité, nous concevons aussi sa ressemblance ou sa dissemblance avec les choses que nous considérons. C'est le type auquel nous les rapportons, type qui est par conséquent antérieur aux objets qu'on lui compare. Il faut donc, de toute nécessité, que nous ayons vu cette égalité même avant le temps où nous avons vu pour la première fois des choses égales.

Lors donc que l'âme conçoit la grandeur et la petitesse, l'égalité ou l'inégalité, le pair et l'impair, elle conçoit quelque chose qui ne vient pas des sens, à propos de leurs perceptions. Car il répugne que les sens donnent quelque chose d'absolu, que les choses comparées fournissent les termes de comparaison, et que ce que l'on conçoit comme un, distinct et immuable, sorte de la multiplicité, de la confusion et de la mobilité.

La seule manière, selon Platon, d'expliquer l'origine de ces notions, est que nous les ayons apprises avant notre naissance et que nous ne fassions ici-bas que nous en ressouvenir. Qu'est-ce en effet que se ressouvenir? « C'est lorsqu'en voyant ou en entendant quelque chose, ou en la percevant par quelque autre sens, on n'acquiert pas seulement l'idée de la chose perçue, mais qu'on pense immédiatement à une autre chose dont la connaissance est d'un tout autre genre que la première[1]. » Or n'est-ce pas là ce que nous éprouvons à chaque instant dans l'acquisition de la science, « car tous les hommes, s'ils sont bien interrogés, trouvent tout d'eux-mêmes, ce qu'ils ne feraient pas s'ils ne possédaient déjà une certaine science et de certaines lumières[2]. » « Si on interroge souvent un homme et en diverses façons, sur les mêmes objets, à la fin il en aura une connaissance aussi exacte que qui que ce soit. Il saura sans avoir appris de personne, mais au moyen des interrogations, tirant ainsi sa science de son propre fonds. Mais tirer la science de son propre fonds, n'est-ce pas se ressouvenir[3] ? »

Mais si nous avons acquis ces notions avant notre naissance, ne s'ensuit-il pas que leurs objets existent? Cette conséquence, que Platon ne fixe nulle part précisément, paraît au fond de sa pensée. « Il faut donc tenir pour constant, dit-il dans le *Phédon*, que si toutes ces choses que nous avons toujours à la bouche existent véritablement, je veux dire le bon, le bien et toutes les autres essences du même ordre, s'il est vrai que nous y rapportons toutes les impressions des sens, comme à leur type primitif, que nous trouvons d'abord en nous-mêmes ; et s'il est vrai que c'est à ce type que nous les comparons, il faut nécessairement, dis-je, que, comme toutes ces choses-là existent, notre âme existe aussi et qu'elle soit avant que nous naissions : et si ces choses-là n'existent point, tout notre raisonnement porte à faux[4] ; » Or

----

1. *Phédon*, p. 221. L'indication des pages se rapporte à la traduction Cousin.

2. *Phédon*, p. 220.

3. *Ménon*, p. 172.

4. *Phédon*, p. 229-230.

que signifient ces mots : « dont nous trouvons le type en nous-mêmes!» si ce n'est que ces notions manifestent en nous l'existence du monde intelligible ?

En second lieu, à quoi bon la réminiscence, si ce n'est pour expliquer comment nous avons connu les objets de ces notions? Or quelle est la condition de la réminiscence? Platon nous l'explique par une allégorie qui renferme un sens profond : « L'âme étant immortelle, dit-il dans le *Ménon*, étant d'ailleurs née plusieurs fois, et ayant vu ce qui se passe dans ce monde et dans l'autre, et toutes choses, il n'est rien qu'elle n'ait appris. C'est pourquoi il n'est pas surprenant qu'à l'égard de la vertu et de tout le reste elle soit en état de se ressouvenir de ce qu'elle a su antérieurement[1]. » Et dans le mythe du *Phèdre*, en décrivant le voyage de l'âme à la suite des dieux : « Dans le trajet, dit Platon, elle contemple la justice, elle contemple la sagesse, elle contemple la science, non point celle où entre le changement, ni celle qui se montre différente dans les différents objets qu'il nous plaît d'appeler des êtres, mais la science telle qu'elle existe dans ce qui est l'être par excellence[1]. » Et plus loin : « Le propre de l'homme est de comprendre le général, c'est-à-dire ce qui, dans la diversité des sensations, peut être compris sous une unité rationnelle; or c'est là le ressouvenir de ce que notre âme a vu dans son voyage à la suite de Dieu, lorsque, dédaignant ce que nous appelons improprement des êtres, elle élevait ses regards vers le seul être véritable[3]. » Et encore : « Nous avons dit que toute âme humaine

1. *Ménon*, p. 172. — 2. *Phèdre*, p. 51. — 3. *Ibid.*, p. 55.

devait avoir contemplé les essences, puisque, sans cette condition, aucune âme ne peut passer dans le corps d'un homme [1]. »

Il paraît donc nettement établi que pour Platon les notions absolues de grandeur, de petitesse, d'identité, d'égalité, d'inégalité, etc., sont la preuve de l'existence de leurs objets. Cela ressort évidemment de leurs caractères, car ce sont ces caractères qui forcent Platon à introduire la théorie de la réminiscence, laquelle suppose l'intuition des *idées*.

De la distinction des notions découle donc la distinction de leurs objets et plus généralement encore la distinction de deux mondes analogues aux notions qui les représentent. « Il y a plusieurs choses que nous appelons belles et plusieurs choses que nous appelons bonnes, et le principe de chacune nous l'appelons le beau, le bien, et nous faisons de même pour toutes les choses que nous avons considérées tout à l'heure dans leur variété, en les considérant sous un autre point de vue dans l'unité de l'idée générale à laquelle chacune d'elles se rapporte [2]. »

« Si l'intelligence et l'opinion vraie sont deux genres différents, nécessairement tout être en soi, toute *idée* inaccessible aux sens tombe sous l'intelligence seule. Si, comme quelques-uns le pensent, l'opinion vraie ne diffère en rien de l'intelligence, tout ce que nos organes atteignent doit être admis comme parfaitement réel. Mais il faut distinguer ces deux choses parce qu'elles se forment en nous séparément et avec des caractères différents. En effet, l'une vient de la science, l'autre

---

1. *Phèdre*, p. 50. — 2. *République*, VI, p. 52.

vient de la persuasion : l'une est toujours conforme à la droite raison, l'autre est sans raison ; l'une est inébranlable, l'autre peut chanceler. L'opinion vraie appartient à tous les hommes, l'intelligence aux dieux seulement, et parmi les hommes, à un petit nombre. Cela étant, il faut reconnaître qu'il existe une *idée*, toujours la même, qui n'a pas commencé et qui ne finira pas, ne recevant en elle rien d'étranger, invisible et insaisissable à tous les sens, et que la pensée seule peut contempler ; et une autre chose portant le même nom que la première et semblable à elle, mais sensible, engendrée, toujours en mouvement, naissant en un certain lieu pour en disparaître ensuite, objet de l'opinion jointe à la sensibilité[1]. »

« Allons tout d'un coup à ces choses dont nous parlions tout à l'heure. Tout ce que, dans nos demandes et dans nos réponses, nous caractérisons en disant qu'il existe, tout cela est-il toujours le même ou change-t-il quelquefois ? L'égalité absolue, le beau absolu, le bien absolu, toutes les existences essentielles reçoivent-elles quelquefois quelque changement, si petit qu'il puisse être, ou chacune d'elles, étant pure et simple, demeure-t-elle ainsi toujours la même en elle-même, sans jamais recevoir la moindre altération ni le moindre changement ? — Il faut nécessairement, répondit Cébès, qu'elles demeurent toujours les mêmes sans jamais changer. — Et que dirons-nous de toutes ces choses qui réfléchissent plus ou moins l'idée de l'égalité et de la beauté absolue, hommes, chevaux, habits et tant d'autres choses semblables ? Demeurent-t-elles toujours les mêmes, ou, en op-

---

1. *Timée*, p. 157.

position aux premières, ne demeurent-elles jamais dans le même état, ni par rapport à elles-mêmes, ni par rapport aux autres? — Non, répondit Cébès, elles ne demeurent jamais les mêmes. — Or ce sont choses que tu peux voir, toucher, percevoir par quelque sens; au lieu que les premières, celles qui sont toujours les mêmes, ne peuvent être saisies que par la pensée; car elles sont immatérielles et on ne les voit point. — Cela est très-vrai, Socrate, dit Cébès. — Veux-tu donc, continue Socrate, que nous posions deux sortes de choses, l'une visible et l'autre immatérielle ; celle-ci toujours la même, celle-là dans un continuel changement[1] ? »

Ainsi il y a deux mondes, le monde visible et le monde intelligible ; l'un mobile, changeant, périssable ; l'autre immuable, identique, éternel. Platon les décrit à la fin du VIe livre de la *République*, et en même temps les divers degrés de la connaissance par lesquels nous les atteignons. Le monde sensible est divisé, selon lui, en deux parties : l'une obscure et l'autre lumineuse. Ce monde est l'objet de l'opinion δόξα, et des deux sections par lesquelles Platon le figure, la πίστις, ou foi, se rapporte à la partie lumineuse ; la conjecture, εἰκασία, se rapporte à la partie obscure : celle-ci incertaine et confuse, et aussi mobile que les objets qui sont les qualités sensibles des corps ; celle-là plus sûre, quoique encore chancelante, et qui paraît avoir pour objet les perceptions simples qui n'enveloppent aucune contradiction. Au-dessus du monde visible le monde intelligible, avec deux divisions qui correspondent aux deux sections du monde sensible, l'une claire et lumineuse, et l'autre

---

1. *Phédon*, p. 234-235.

obscure. La section obscure paraît comprendre les genres, les espèces, toutes les généralités et conceptions logiques qui résultent de l'abstraction et du raisonnement. A ces objets correspond, dans l'âme, la connaissance discursive, διάνοια. La section lumineuse contient les *idées*, types suprêmes de l'existence, exemplaires et modèles de toute réalité, le beau, le juste en soi, l'égalité, la grandeur; et à ces réalités les plus hautes où l'âme puisse atteindre correspond l'intelligence pure, la νόησις. Ainsi deux ordres dans l'existence : l'ordre intelligible et l'ordre sensible, et deux espèces de connaissance : l'opinion et la science; et comme on peut concevoir dans chaque ordre deux divisions, on trouve dans l'ordre de la connaissance deux divisions correspondantes, ou facultés, lesquelles ont plus ou moins d'évidence selon que leurs objets participent plus ou moins de la vérité, laquelle, d'autre part, est d'autant plus grande qu'on s'éloigne davantage du monde sensible et qu'on arrive plus près de l'être un, d'une unité absolue.

Cette correspondance des lois de l'être et de la pensée, exposée à la fin du VIᵉ livre de la *République*, est encore reprise dans le VIIᵉ. « Ainsi nous jugeons à propos, comme auparavant, d'appeler intelligence pure la première et la plus parfaite manière de connaître, connaissance raisonnée la seconde, foi la troisième et conjecture la quatrième; de sorte que le rapport qui existe entre ce qui *est* et ce qui *naît* se retrouve de la science (qui comprend l'intelligence pure et la connaissance raisonnée) à l'opinion, de l'intelligence pure à la foi, de la connaissance raisonnée à la conjecture[1]. »

_____

1. *République*, VII, XIV.

L'opinion, suivant Platon, tient en quelque sorte le milieu entre la science et l'ignorance; elle a moins de clarté que la science et moins d'obscurité que l'ignorance.

« Quant à ceux qui, promenant leurs regards sur la multitude des belles choses, n'aperçoivent pas le beau absolu et ne peuvent suivre celui qui voudrait les élever à cette contemplation, qui voient la multitude des choses justes, sans voir la justice même, et ainsi du reste, tous leurs jugements, disons-nous, sont des opinions et non des connaissances [1]. »

« Eh quoi, dit encore Platon, ne vois-tu pas quelle triste figure fait une opinion qui ne repose pas sur la science ? La meilleure de cette sorte n'est-elle pas sans lumière ? Ceux qui, dans leurs opinions, rencontrent le vrai sans le comprendre, ne ressemblent-t-ils pas à des aveugles qui marchent dans le droit chemin [2] ? »

Ce qui paraît quelque peu étrange, c'est que l'espèce d'interdit dont Platon frappe les perceptions des sens, il l'étend jusque sur la connaissance raisonnée : « Pour ce qui est des autres arts qui, comme nous l'avons dit, ont quelque rapport à l'être, tels que la géométrie et les arts qui viennent à sa suite, nous voyons que la connaissance qu'ils nous en donnent n'est que l'illusion d'un rêve, non une vue claire de la réalité, tant qu'ils demeurent enfermés dans de stériles données dont ils ne peuvent rendre raison. Or quand un principe est inconnu en soi et que la conclusion et les intermédiaires sont tirés d'un pareil principe, le moyen qu'un pareil tissu puisse faire une science [1] ? »

---

1. *Républ.*, V, p. 320.—2. *Ibid.*, VI, p. 50.—1. *Ibid.*, VII, xııı.

Peut-être pourrait-on accuser ici Platon d'avoir été quelque peu sévère pour les conceptions géométriques, et de s'être contredit, et, après avoir çà et là accordé une existence séparée et une essence distincte à d'évidentes abstractions nominales, comme la blancheur, la grandeur, l'égalité, etc., d'avoir rabaissé au dernier rang des notions qui ont un caractère d'universalité au moins égale.

Quoi qu'il en soit, il rattache la connaissance raisonnée à l'ordre intelligible, et, comme on l'a vu par les passages cités plus haut, il range dans une même classe, sous le nom de science, les notions dues à l'intelligence pure et au raisonnement.

Tels sont les deux mondes platoniciens, telles sont en regard les facultés avec lesquelles l'âme humaine s'applique à l'un ou à l'autre. Mais y a-t-il une méthode régulière qui puisse élever progressivement l'âme à la région des *idées?* Oui, suivant Platon, et cette méthode est la méthode dialectique.

On entend généralement par dialectique l'art de raisonner, soit pour établir une opinion, soit pour la détruire ; c'est-à-dire l'art de tirer des conséquences d'un principe posé de telle sorte que, de positions en positions tour à tour conquises, l'esprit arrive à une conclusion finale, terme provisoire de la recherche.

La dialectique, pour Zénon d'Élée, qui, dit-on, l'inventa, était quelque chose de plus vivant. Il procédait par interrogations, poussait son interlocuteur d'un terrain sur un autre et l'en délogeait successivement. Socrate mania cette arme avec une dextérité et une souplesse qui ne contribuèrent pas peu, sans doute, à le faire considérer par plusieurs de ses contemporains[1] comme le plus habile et le plus dangereux des sophistes. Jamais, sans doute, on ne poussa plus loin l'art d'embarrasser ses adversaires avec leurs propres réponses, de leur creuser des piéges avec plus de bonhomie, de leur donner des leçons sans en avoir l'air et en prenant le masque d'un ignorant écolier, de réduire au silence les plus bavards, et d'apprendre la modestie aux plus arrogants ; l'art enfin de soumettre les préjugés et les opinions courantes ou prétendues scientifiques à un contrôle et à une inquisition plus sévère. La dialectique, pour Socrate, fut l'art de réfuter. Parfois Platon la considère aussi à ce point de vue tout négatif, comme lorsqu'il reproche aux jeunes gens qui ont goûté à la dialectique de prétendre passer toutes les maximes et tous les principes au fil du raisonnement, de se faire fort de tout détruire et de tout réfuter sans rien laisser debout, « harcelant et mordant sans cesse tous ceux qu'ils rencontrent[2]. »

Mais la dialectique est autre chose pour Platon.

Au VII⁰ livre de la *République*, en effet, il écrit : « Celui qui sait voir les choses d'une vue d'ensemble est dialecticien, celui qui ne le sait point ne l'est pas[3]. » Ailleurs il dit que la dialectique est le faîte de toutes les sciences et qu'il n'en est pas qu'on puisse mettre à bon droit au-dessus d'elle[4].

Mais ces expressions sont un peu vagues. Pla-

---

1. Est-il besoin de rappeler le rôle qu'Aristophane a donné à Socrate dans les *Nuées*. Il est permis de croire que le grand poëte comique était l'interprète de l'opinion de beaucoup.

2. *République*, VII, XVII.

3. Ὁ μὲν γὰρ συνοπτικὸς διαλεκτικός, ὁ δὲ μὴ, οὔ. *Ibid.*, VII, XVII.

4. *Ibid.*, VII, XIV.

ton, dans le même livre, s'explique avec plus de clarté.

La dialectique est, suivant Platon, un sens tout spirituel analogue au sens de la vue et qui a pour objet de s'élever peu à peu en parcourant les *idées* jusqu'à l'*idée* du Bien, principe et fondement de toutes les autres [1].

« Il est un point que personne ne contestera, c'est que la méthode dialectique est la seule qui tente de parvenir régulièrement à l'essence de chaque chose, tandis que la plupart des arts ne s'occupent que des opinions des hommes et de leurs goûts [2]. » Ailleurs, opposant la dialectique aux sciences telles que l'arithmétique et la géométrie, qu'il regarde comme secondaires, il écrit : « Il n'y a donc que la méthode dialectique qui fonde les hypothèses sur leurs principes, qui tire peu à peu l'œil de l'âme du bourbier où il est honteusement plongé, et l'élève en haut avec le secours et par le ministère des arts dont nous avons parlé [3]. » Ailleurs encore : « N'apppelles-tu pas dialecticien celui qui rend raison de ce qu'est chaque chose en soi, et ne dis-tu pas d'un homme qu'il n'a pas l'intelligence d'une chose lorsqu'il ne peut en rendre raison ni à lui-même ni aux autres [4] ? » Et il ajoute : « Qu'un homme ne puisse, séparant l'idée du Bien de toutes les autres, en donner une définition précise, et qu'il ne sache pas se frayer un passage à travers toutes les objections, comme un brave dans la mêlée; qu'ardent à emporter non l'opinion, mais la vérité, il ne puisse surmonter tous les obstacles par la force d'une raison invincible, ne diras-tu pas de cet homme

---

1. *République*, VII, XIII.
2. *Ibid.*, VII, XIV.
3. *République*, VII, XIV.
4. *Ibid.*, VII, XIV.

qu'il ne connaît ni le Bien par essence, ni aucun autre bien ; que s'il saisit quelque fantôme de bien, ce n'est point sur la science, mais sur l'apparence qu'il se fonde ; que sa vie se passe dans un profond sommeil rempli de vains rêves et dont il ne se réveillera probablement pas en ce monde avant d'aller dans l'autre dormir d'un sommeil parfait[1] ? »

Ainsi pour Platon la dialectique est tout autre chose que l'art de raisonner. C'est la méthode qui rend raison des choses et qui, par un progrès régulier à travers toutes les *idées*, élève l'esprit jusqu'à l'*idée* suprême ou idée du Bien, laquelle est le terme de l'ascension dialectique, comme Platon s'exprime, διαλεκτικὴ πορεία. Quiconque n'est pas monté jusque-là ne possède pas la raison des choses. Mais pour rendre pleine raison des choses, il faut, le premier principe une fois trouvé, redescendre aux objets qu'il s'agit d'expliquer. Ce second mouvement de la dialectique est indiqué dans le passage suivant : « La seconde division des choses intelligibles, c'est celle que l'âme saisit immédiatement par la dialectique, en faisant des hypothèses qu'elle regarde comme telles, et non comme des principes, et qui lui servent de degrés et de points d'appui pour s'élever jusqu'à un dernier principe qui n'admet plus d'hypothèse. Elle saisit ce principe, et s'attachant à toutes les conséquences qui en dépendent, elle descend de là jusqu'à la dernière conclusion, repoussant toute donnée sensible pour s'appuyer uniquement sur des idées pures par lesquelles sa démonstration commence, procède et se termine[2]. »

On voit par là que, suivant Platon, la méthode

---

1. *République*, VII, xiv. — 2. *Ibid.*, VI, p. 61, 62.

dialectique est la méthode par laquelle l'âme s'élève à l'essence des choses et redescend ensuite de ce principe une fois trouvé, pour en déduire l'explication de l'univers.

Mais monte-t-on ainsi du premier coup et sans intermédiaire du fini à l'infini ? N'y a-t-il pas lieu de préparer l'essor de l'âme ? C'est la fonction ou l'office d'un certain nombre de procédés préparatoires. Ces procédés sont comme les degrés qui précèdent l'initiation. Il s'agit d'abord de purifier l'âme de toute erreur, de la débarrasser des fausses opinions, de la fortifier par les exercices logiques de l'abstraction, de la généralisation, de la définition et de l'induction, et par la pratique des sciences qui familiarisent l'esprit avec la considération de l'intelligible.

L'être en présence duquel nous place la dialectique au plus haut degré de l'ascension, l'être parfait qu'elle nous fait contempler, est bien supérieur à l'être vide que nous découvrons au plus haut degré de l'abstraction logique. L'abstraction logique, en effet, s'élève de l'individu à l'espèce, de l'espèce au genre, en retranchant à mesure qu'elle monte l'élément de différence, c'est-à-dire ce qui fait la réalité même de l'être, son individualité, et en conservant ce qu'il y a de commun à la multiplicité. Par ces retranchements et ces éliminations successives, elle arrive à la fin à l'être indéterminé, à l'être sans réalité, identique au néant que la parole peut à peine nommer. De cette façon, au lieu de monter l'échelle de l'être, on la descend et l'on va d'une manière continue, si je puis dire, du plus être au moins être.

Il en est tout autrement de l'ascension dialectique, si on la veut bien comprendre. Loin de tailler

dans l'être pour le diminuer et l'appauvrir, cette
méthode retranche progressivement l'élément négatif, efface la borne et la limite, saisit ce qu'il y
a dans l'être de réel et de positif, et s'élève ainsi
jusqu'à l'être complet, absolu, achevé, qui n'est pas
seulement le caractère général, mais le fondement,
le principe et la cause de tout ce qui est. C'est là
une ascension véritable. Elle n'est possible, encore
une fois, qu'à la condition de partir de l'absolu,
de s'appuyer sur l'absolu. L'abstraction logique,
en effet, ne perd jamais de vue les choses sensibles, travaille sur elles au contraire, les compare
et en extrait les caractères de plus en plus généraux. L'intuition rationnelle de Platon fuit et
repousse le monde mobile des choses qui deviennent, pour contempler tout d'abord ce qui est immobile et pur.

Si les *idées* de Platon sont de simples *univer-*
saux, des abstractions logiques, résultat de la
comparaison et de la généralisation, quel besoin
de la théorie de la réminiscence, c'est-à-dire de ce
souvenir du divin, que les contradictions des données sensibles réveillent en nous?

Enfin ce passage du *Banquet* paraît très-expli-
cite contre ceux qui prétendent identifier la dialectique avec la faculté de généraliser et d'abstraire.
« Le vrai chemin de l'amour, qu'on l'ait trouvé
soi-même ou qu'on y soit guidé par un autre,
c'est de commencer par les beautés d'ici-bas et,
les yeux attachés sur la beauté suprême, de s'y
élever sans cesse en passant par tous les degrés
de l'échelle d'un seul beau corps à deux, de deux
à tous les autres, des beaux corps aux beaux sentiments, des beaux sentiments aux belles connaissances, jusqu'à ce que, de connaissance en connaissance on arrive à la connaissance par excellence

qui n'a d'autre objet que le beau lui-même, et qu'on finisse par le connaître tel qu'il est en soi[1].

Platon le dit explicitement, pour reconnaître, pour juger à leur valeur les beautés sensibles, il faut avoir les yeux fixés sur la beauté suprême. Pour reconnaître que la beauté de l'âme est supérieure à celle du corps, il faut encore se servir de ce type pour les mesurer. L'idée de la beauté parfaite n'est donc pas le fruit de l'abstraction logique, puisqu'elle sert de guide à l'âme éprise de la beauté et cherchant partout à s'y attacher.

Enfin, si la dialectique de Platon n'était rien de plus qu'un procédé discursif, l'art de réunir la multitude des individus sous une unité nominale, et de s'élever de généralités en généralités jusqu'à la plus haute, jusqu'à celle qui comprend toutes les autres et ne contient plus d'élément différentiel; pourquoi la dialectique platonicienne s'arrête-t-elle à l'idée du bien, c'est-à-dire à une idée morale plus complexe que l'idée de l'être en soi, laquelle encore peut se résoudre dans la catégorie de l'unité immobile et innommable? L'idée du bien n'est identique à l'idée d'être absolu qu'à la condition de contenir plus de réalité, plus de perfection, la réalité et la perfection dans leur plénitude. L'un simple et absolu, le dernier abstrait, est le suprême indéterminé. Le Rien pour Platon, Dieu pour l'école et la tradition spiritualistes, est le déterminé suprême, le positif par excellence, et comme le dit l'expression grecque, le fini, le complet, l'achevé, τὸ τέλειον, lequel est l'affirmation suprême et ne recèle rien de négatif, parce qu'il ne recèle aucune limitation. C'est un point sur lequel Platon s'est expliqué dans un langage d'une

---

1. *Banquet*, p. 317.

incomparable élévation. « A l'extrême limite du monde intelligible, dit-il, est l'idée du Bien, idée que l'on aperçoit à peine, mais qu'on ne peut apercevoir sans conclure qu'elle est la cause première de tout ce qu'il y a de beau et de bon dans l'univers; que dans le monde visible elle produit la lumière et l'astre de qui elle vient directement ; que dans le monde invisible elle engendre la vérité et l'intelligence; qu'il faut enfin avoir les yeux fixés sur cette idée si l'on veut se conduire sagement dans la vie publique et privée[1] ».

Dieu cause suprême, intelligence souveraine, père des esprits, source de la double lumière qui éclaire l'homme, est le dernier terme du progrès dialectique. C'est assez dire que la dialectique est autre chose qu'un procédé de généralisation.

Ainsi, de même que l'existence des *idées* dans la métaphysique platonicienne, c'est-à-dire la distinction du monde phénoménal et du monde intelligible, ou, comme on dit en langage moderne, de l'infini et du fini, du relatif et de l'absolu, et l'attribution de la suprême réalité et de la suprême perfection à l'infini sont fondées sur la théorie de la connaissance, sur la distinction de la science et de l'opinion, ou, comme nous disons, de la raison pure et de l'expérience, de même la théorie de la dialectique est fondée sur la réalité du monde intelligible, sur l'existence de l'absolu. On peut dire de la dialectique platonicienne qu'elle est, dans l'histoire de la pensée humaine, le premier effort tenté pour régulariser et mettre sous une forme scientifique l'élan naturel et spontané qui entraîne l'humanité vers la sphère de l'infini.

Nous revenons à présent à la théorie des idées,

1. *République*, VII, III.

et nous voulons demander à Platon des réponses à ces trois questions :

Qu'est-ce que l'idée et de quoi y a-t-il idée ?

Quels sont les rapports des idées avec Dieu ?

Quels sont les rapports des idées avec le monde sensible ?

Nulle part la théorie des idées n'est exposée dans les ouvrages de Platon d'une manière positive, méthodique et rigoureuse. Il faut en rechercher les traits épars çà et là dans les différents dialogues, et, par malheur, il n'est pas toujours facile de les faire concoider et d'en former un système bien lié.

A notre première question : qu'est-ce que l'idée ? Platon répond, dans nombre de passages : c'est le bon, le beau, le vrai, le juste, le saint. C'est tout ce qui est le propre objet de l'intelligence et du cœur. Ce sont des essences éternelles, éléments premiers de l'existence universelle, types et exemplaires des choses, car toutes choses sont faites de bonté, de beauté, de justice, de force et d'intelligence. Ces essences sont distinctes des objets.

En concevant ainsi les idées, on arrive à un rapport bien simple de Dieu aux idées. Dieu est aux idées ce que celles-ci sont au monde sensible. Les idées sont les éléments et les principes des choses sensibles. De même Dieu ou l'idée du Bien est l'éternel soutien des idées, leur type souverainement parfait et leur dernière raison, leur source unique et leur cause féconde.

Cette conception paraît de tout point conforme à l'esprit de la méthode de Platon. Nous n'apercevons ici-bas que des ombres de vérité, de sainteté, de beauté, de justice. La raison s'empare de l'élément de perfection qui apparaît comme souillé au contact des choses sensibles, elle le dépouille des imperfections auxquelles il est mêlé, elle le saisit et le conçoit dans toute sa pureté, et s'attache à lui. Mais ces essences immuables que contemple la raison au sein du monde intelligible ne sont pas encore l'absolue perfection ; elles sont éternelles, il est vrai ; elles sont identiques à elles-mêmes, mais elles sont multiples. Ce sont des perfections en quelque façon incomplètes, qui se bornent et se limitent mutuellement. Elles tiennent encore du relatif. Il faut donc s'élever encore au-dessus des idées, ou, du moins, passer de celles qui sont le moins compréhensives à celles qui le sont le plus, jusqu'à ce qu'on arrive à celle qui les absorbe et les contient toutes en son sein, à celle qui épuise l'idée de perfection absolue: C'est l'idée du bien, c'est-à-dire Dieu même, source unique de toutes les perfections, centre et fondement de toutes les idées, et, comme dit Platon, roi et soleil du monde intelligible.

Cette analyse de la théorie platonicienne des idées paraît résulter de plusieurs grands passages des *dialogues*; mais n'est-elle pas quelque peu artificielle et de convention ? N'est-elle pas contredite par nombre d'autres textes fort explicites? C'est là sans doute ce que le spiritualisme moderne a tiré de Platon, mais il s'en faut bien que Platon lui-même se soit exprimé d'une manière si précise. Si nous cherchons en effet dans tous les *dialogues* quelle réponse Platon a faite à cette question : Qu'est-ce que l'idée et de quoi y a-t-il idée? A côté de l'idée du bon, du juste et du saint, — lesquelles déjà il est difficile de considérer comme des essences distinctes, — nous trouverons l'idée de l'égalité, l'idée de la ressemblance, l'idée de la grandeur, l'idée de la petitesse, qui ne sont que les idées des rapports qui existent entre les choses et non des essences éternelles, qui ne sont rien en dehors de l'esprit qui les conçoit. Platon ajoute les idées négatives de l'inégalité et de la dissemblance, pures abstractions résultant, comme les précédentes, de la comparaison des objets sensibles. A côté de ces idées, il place l'idée de l'homme en soi, du bœuf en soi, confondant avec les essences des genres et des espèces, et, ce qui est plus étrange encore, l'idée de la *table* et du *lit en soi*. C'est dans le dixième livre de la *République* que Platon expose qu'il y a une essence du lit « existant dans la nature des choses, et dont nous pouvons dire, ce semble, que Dieu est l'auteur ». — « Le titre de producteur du lit lui appartient d'autant plus, ajoute Platon, qu'il a fait de soi l'essence du lit et celle de toutes les autres choses ». Platon range même au nombre des idées celle du non-être, τὸ μὴ ὄν, qui lui sert à expliquer la diversité des objets du monde sensible et même des idées. Cette conception, d'une grande profondeur et d'une haute portée, semble cependant bizarre. Comment est-il possible en effet, que l'idée du néant prenne place parmi les essences éternelles, parmi les formes absolues de la perfection?

Ainsi Platon semble comprendre sous le nom commun d'idées des choses fort différentes, et confondre d'évidentes abstractions logiques avec des conceptions rationnelles. Il suit de là qu'on ne saurait donner des idées une définition générale, rigoureuse, sans courir le risque d'unir sous le même terme des objets distincts, et de très-inégale valeur. L'incertitude de la pensée de Platon sur la question qui nous occupe éclate dans le *Parménide*. « Eh quoi! y aurait-il une idée de l'homme distincte de nous et de tous tant que nous sommes, enfin une idée en soi de l'homme, de l'eau et du feu? — J'ai souvent douté, Parménide, répondit Socrate, si on doit dire autant de toutes ces choses que des autres dont nous venons de parler (du juste, du beau, du bien). — Es-tu dans le même doute, Socrate, pour celles-ci qui pourraient te paraître ignobles, telles que poil, boue, ordure, enfin tout ce que tu voudras de plus abject et de plus vil; et crois-tu qu'il faut admettre pour ces choses des idées différentes de ce qui tombe sous nos sens? — Nullement, reprit Socrate; ces objets n'ont rien de plus que ce que nous voyons; leur supposer une idée serait peut-être par trop absurde[1] » On le voit, Platon incertain s'arrête; il sait bien que s'il admet l'idée de l'homme, il lui faudra reconnaître aussi les idées des objets les plus vils. Ailleurs il semble que la logique l'emporte, et il incline à croire qu'il y a idée de toute chose.

« Cependant quelquefois il m'est venu à l'esprit que toute chose pourrait bien avoir également son idée. Mais quand je tombe sur cette pensée, je me hâte de la fuir, de peur de m'aller perdre dans un abîme sans fond. Je me réfugie donc auprès de ces autres choses dont nous avons reconnu qu'il existe des idées, et je me livre tout entier à leur étude. — C'est que tu es encore jeune, Socrate, reprit Parménide. La philosophie ne s'est pas encore emparée de toi comme elle le fera un jour, si je ne me trompe, lorsque tu ne mépriseras plus rien de ces choses. Aujourd'hui tu regardes l'opinion des hommes à cause de ton âge[2]. »

Il est évident, d'après les textes que nous venons de citer, que Platon a confondu deux choses

---

1. *Parménide*, p. 13. — 2. *Ibid.*

distincter, l'abstraction ou intuition rationnelle et l'abstration logique, les principes véritablement absolus et les conceptions que l'esprit peut former par la généralisation. Il donne le même nom d'idée aux notions pures de la raison, aux notions qui représentent des genres et des espèces, à toutes les conceptions générales, enfin à tout ce qui peut être exprimé sous une dénomination commune. Il semble cependant n'avoir pas accordé à toutes les idées le même rang et la même dignité.

Les idées, en effet, dans la théorie de Platon, forment une hiérarchie bien ordonnée, un système dont le couronnement est l'idée du Bien, laquelle les embrasse dans son ineffable unité. Elles composent un monde dont toutes les parties se tiennent. Platon nous l'apprend dans un passage de la *République* que nous avons cité plus haut, et dans cet autre texte du Timée. « Nous dirons donc que le monde est semblable à un être dont les autres êtres pris individuellement et par genres sont des parties, et qui comprendrait lui-même tous les êtres intelligibles comme ce monde comprend et nous-mêmes et tous les autres êtres visibles. » Or cet être dont parle ici Platon, c'est ce modèle éternel que contemplait le divin Artiste quand il produisait le monde sensible, c'est cet « animal » divin et impérissable qui a servi de type à l'animal mortel et terrestre que nous appelons le monde sensible; en un mot, c'est le monde des idées.

Nous cherchons maintenant quel est le rapport des idées avec le monde sensible. —

Si tout l'être est dans les idées, si, hors d'elles il n'y a rien de réel et de solide, il s'ensuit que le monde s'évapore en vaines apparences, il semble qu'il n'est rien autre chose que le songe d'une ombre, et voilà l'antagoniste de Parménide forcé d'admettre le principe de son adversaire, à savoir l'unité absolue de l'être immobile. Déjà Platon a protesté contre l'immobilité du Dieu de Parménide, et dans une exclamation célèbre a revendiqué comme un de ses attributs nécessaires « l'auguste et sainte intelligence ». De même il n'accorde pas que hors de l'être pur il n'y ait rien. C'est dans le *Sophiste* qu'au moyen d'un double principe « le *même* et l'*autre* » Platon s'efforce d'introduire la diversité dans le monde sensible et jusque dans le sein de l'être infini. C'est à l'aide de ce nouveau principe qu'il compose tous les êtres. Il y a à côté de l'être le non-être qui a une certaine réalité[1], et tous les êtres perceptibles aux sens et saisissables à la pensée sont formés du mélange de ces deux genres. Mais qu'est-ce que le Non-être? Écoutons Platon lui-même nous répondre dans le *Sophiste*.

« Pour définir le non-être, nous avons dit que les genres se mêlent les uns avec les autres, que l'*être* et l'*autre* pénètrent dans tous et aussi l'un dans l'autre; que l'*autre* participant à l'être est par cette participation et n'est pourtant pas ce à quoi il participe, mais quelque chose d'autre; qu'étant autre que l'être, il ne peut évidemment être que le non-être; que l'être à son tour participant à l'autre est autre que tous les autres genres; qu'étant autre qu'eux tous, il n'est pas chacun d'eux ni eux tous à la fois, et n'est que

---

1. Le non-être n'est pas le contraire de l'être, mais seulement quelque chose d'autre que lui. *Sophiste*, p. 292. — Il y a de l'être et du non-être en toute chose, car toute chose participe de l'être et en diffère, par conséquent est et n'est pas. De plus, chaque chose étant autre que toutes les autres, est autre que l'être, et en ce sens encore n'est pas.

lui-même; en sorte qu'incontestablement il y a mille choses que l'être n'est pas, par rapport à mille choses, et on peut dire de même de chacun des autres genres et de tous à la fois qu'ils sont de plusieurs manières, et que de plusieurs manières ils ne sont pas[1]. »

Voilà nettement marquée la distinction de tous les êtres, sensibles ou intelligibles. Les objets sensibles sont parce qu'ils participent à l'être; ils ne sont pas l'être parce qu'ils participent à *l'autre*. Et de même les idées, en ce sens aussi qu'elles participent à *l'autre*, ne sont pas tout l'être. Ainsi les objets sensibles sont dans un sens et ne sont pas dans un autre. Toute leur réalité est dans l'être. c'est-à-dire hors d'eux. En eux-mêmes et séparés des idées ils ne sont rien, si ce n'est autre chose que l'être. Ainsi la nature sensible existe distincte du monde intelligible, mais toute sa réalité, tout son être est en lui. Ainsi non-seulement les objets matériels sont subordonnés aux idées, mais encore ils puisent dans les idées tout ce qu'ils sont; ils n'ont qu'une réalité empruntée, ils ne sont que par participation aux idées.

On voit combien est fragile cette réalité du monde sensible, combien l'existence des êtres que le vulgaire appelle les êtres réels est décevante et mensongère. Image imparfaite du monde intelligible, la nature visible ressemble au tableau dont les traits à demi effacés rappelleraient le modèle, à une empreinte gravée sur la cire, dont les caractères mal démêlés laisseraient cependant deviner toute la perfection du cachet. On peut comprendre maintenant les expressions mystiques du *Phédon*, la prison et la folie du corps, et les ombres du sou-

---

1. *Sophiste*, p. 294-295.

terrain de la *République* qui disputent entre elles
sur d'autres ombres, et cet autre mot du *Phédon*
que la vie du vrai philosophe est l'apprentissage
et l'anticipation de la mort.

En dépit des efforts de Platon pour introduire
et expliquer la multiplicité et la variété, soit dans
le monde visible, soit dans le monde intelligible,
la métaphysique platonicienne paraît avoir pour
dernier mot l'unité de l'être. La Nature entière
est suspendue aux idées par quoi elle est, et les
idées à l'idée maîtresse et souveraine, à Dieu, en
qui est le fondement de leur être et par qui elles
sont. En Dieu seulement est l'être. Il n'y a d'essence indépendante nulle part ailleurs. Otez les
idées, toute la nature s'exhale comme une vaine
fumée; ôtez Dieu, le faisceau des idées se délie,
elles perdent leur essence. L'être des choses, en
effet, n'est pas dans les choses, puisque les choses
ne sont qu'en tant qu'elles participent aux idées.
L'être des idées n'est pas non plus dans les idées,
puisqu'elles sont avec Dieu dans le même rapport
que les objets sensibles sont avec elles. Il n'y a
qu'un seul être, Dieu, supérieur même à l'être en
dignité. Tout au plus peut-on accorder à la nature d'avoir fourni à Dieu la matière sur laquelle
il a travaillé. Encore cette matière, ce réceptacle
de ce qui naît et de ce qui meurt, ce quelque
chose d'informe et d'indéterminé, cette « nourrice de la génération » paraît si effacé qu'il semble
que ce ne soit autre chose qu'une nécessité logique qui s'impose à Dieu. Les mots de pan-
théisme et de dualisme ont peut-être un sens un
peu trop précis pour les appliquer à la métaphysique platonicienne, cependant ce sont comme les
deux pôles entre lesquels le platonisme du *Parménide* et du *Timée* paraît osciller.

Seulement ce Dieu de la dialectique, essence
des essences et seule réalité substantielle, pour
être un comme l'être absolu de Xénophane et de
Parménide, n'est pas immobile, c'est un Dieu qui
s'épanche, se déploie, rayonne au dehors, dont tous
les autres êtres, intelligibles ou sensibles, ne sont
que les modalités, selon l'expression moderne. Le
monde sensible existe en dehors du monde intelligible, mais ni les idées ni les choses visibles
n'ont d'essence individuelle. Par elles-mêmes elles
ne sont rien de réel. Le principe, le fond de leur
être, leur essence, en un mot, est en Dieu. Dieu
n'est pas seulement le plus être : il est le seul être
véritable et substantiel. Dans le *Timée*, au contraire, Platon sort des principes abstraits et paraît
proclamer la réalité indépendante de la matière.
Entre l'idée et la chose sensible qui en participe,
Platon admet ici un troisième principe distinct des
deux autres, « fonds commun où vient s'empreindre
tout ce qui existe. » D'où il croit devoir distinguer
trois genres différents : ce qui produit, ce d'où et à
la ressemblance de quoi il est produit, ce en quoi
il est produit. Ce dernier genre est la matière qu'il
appelle la mère du monde τὴν τοῦ γεγονότος ὁρατοῦ
καὶ πάντως αἰσθητοῦ μητέρα. Mais qu'est-elle en soi?
« Nous ne l'appellerons, lit-on dans le *Timée*, ni
terre, ni air, ni feu, ni eau, ni rien de ce que ces
corps ont formé, ni aucun des éléments dont ils
sont sortis, mais nous ne nous tromperons pas en
disant que c'est un certain être invisible, informe,
ἀνόρατὸν εἶδός τι καὶ ἄμορφον, contenant toutes
choses en son sein, et recevant d'une manière
très-obscure pour nous la participation de l'être
intelligible, un être, en un mot, très-difficile à
comprendre[1]. » Ailleurs, Platon effaçant encore

1. *Timée*, édit. Henri Martin, p. 137-138.

plus la réalité de ce principe, l'appelle lieu éternel où les choses se meuvent. Il y a là, ce semble,
la trace d'un dualisme incertain et hésitant.

La controverse, on le pense bien, n'a pas manqué autour de la théorie des idées de Platon.
Aristote a donné place à la critique de cette théorie
dans presque tous ses ouvrages ; il a multiplié et
approfondi à tel point les objections, qu'on peut
dire qu'il a épuisé la matière et que les modernes
adversaires du platonisme n'ont guère fait que repasser sur ses traces et rajeunir sa critique sans la
renouveler. Il serait possible de noter quelque excès
de passion dans la polémique péripatéticienne,
mais il est impossible de prétendre sérieusement
qu'un génie aussi ample et aussi pénétrant qu'Aristote, et qui avait entendu Platon pendant de longues
années et connaissait, par conséquent, le dessous
des cartes, s'il y en avait un, nous voulons dire
l'enseignement ésotérique et les explications secrètes et réservées aux initiés, n'a pas compris la
doctrine de son maître, ou l'a défigurée de parti
pris. On ne pourrait, dans le premier cas, adresser aucun reproche plus grave à l'enseignement
de Platon, et, dans le second cas, les textes parleraient assez haut contre le faussaire.

Il n'en est pas ainsi, et nombre de passages
donnent raison à Aristote quand il accuse Platon
d'avoir réalisé de stériles abstractions. Aristote a
de même raison contre Platon quand il l'accuse
d'avoir placé l'essence des êtres individuels en
dehors d'eux-mêmes, quand il affirme contre lui
que l'individu seul existe véritablement, et que
l'universel n'a de réalité que par son rapport avec
lui, et par lui seul. Il a raison contre Platon quand
il écrit, d'un style qu'on voudrait cependant moins
dédaigneux : « Prétendre que les choses n'existent

que par participation aux *idées*, c'est se payer de mots vides et faire des métaphores poétiques, τοῦτ' ἐστὶ κενολογεῖν καὶ μεταφορὰς ποιεῖν ποιητικάς. »

Cependant, si le système des idées de Platon a succombé sous l'effort de la critique d'Aristote, s'il n'est pas défendable pris en lui-même, il paraît susceptible d'interprétations qui le justifient et le rendent acceptable dans une certaine mesure.

Les défenseurs de la théorie des idées font d'ordinaire un choix parmi les idées platoniciennes, c'est-à-dire qu'ils mettent à part certaines idées, négligent et oublient volontairement les autres. Platon a parlé de l'idée du cercle et du triangle, et a élevé à la dignité d'idées les définitions géométriques; il a parlé des idées de genre et d'espèces comme l'idée de l'homme, des idées d'objets artificiels comme le lit et la table, des idées de rapport comme la ressemblance, l'égalité, la grandeur et la petitesse. Ces idées, évidemment, ne sont que des conceptions abstraites et sans existence réelle, en dehors de l'esprit. On les élimine, on les passe sous silence et on s'attache aux grands traits du système, aux idées de vérité, de beauté et de justice, lesquelles paraissent en effet supérieures et antérieures à notre raison, où l'on peut voir enfin, sans choquer personne, des types qui nous servent à juger ou à mesurer les choses. Est-ce qu'en effet la beauté n'est pas différente des objets beaux et la justice des actions justes? L'artiste n'est pas créateur, mais imitateur de la beauté. Le législateur ne fait pas la justice, il l'interprète, il s'efforce de l'exprimer et de la traduire, et de l'accommoder aux conditions variables de la vie et des sociétés humaines.

Sans parler de ce qu'il y a d'arbitraire dans une critique qui efface ce qui gêne et embarrasse dans un système, il paraît difficile de soutenir que la justice, la beauté, la vérité soient des réalités distinctes et des êtres véritables. On ne peut, ce semble, défendre justement le système des idées que par une interprétation qui l'altère quelque peu. Il faut dire que les idées sont, non des êtres véritables, mais les pensées de l'entendement divin, pensées pures, inaltérables et parfaites comme lui. Dans l'unité de la conscience humaine, un grand nombre de notions s'associent, parmi lesquelles plusieurs ne sont rien en dehors de notre esprit, et d'autres, qui sont les lois mêmes de nos pensées, en sont indépendantes et s'imposent à lui. De même si Dieu est intelligence, si Dieu pense, il a des idées, et ces idées sont inséparables de sa nature et la constituent.

Laissons de côté cette apparence de polythéisme philosophique que présente la théorie des *idées*, et disons que les idées platoniciennes, en tant que formes de l'entendement divin, expriment en lui et pour nous toutes les formes de la réalité, les plus relevées comme les plus basses. Tout ce qui peut être conçu et pensé, le réel et le possible, se réfléchit dans l'entendement divin. Il n'est aucun trait si imperceptible qu'il soit dans le tableau du monde visible qui n'ait son exemplaire dans la pensée de Dieu. Les genres et les espèces, qui déjà nous paraissent avoir moins de fragilité que les individus, qui sont, si l'on peut dire, comme les cadres et les moules constants où la matière, la vie, l'activité, prennent et reçoivent leurs formes indéfiniment variées, pourquoi ne pourrait-on les concevoir comme pensés par Dieu? Déjà nous les pouvons concevoir séparément, et quelques-uns, faisant bon marché des caractères individuels et de l'existence phénoménale des individus qui paraissent et disparaissent dans le mouvement continuel et l'incessante transformation des choses, prétendent que les espèces seules sont impérissables. Ne pouvons-nous pas dire, au même titre, que les relations et les différences des choses sont représentées dans l'entendement divin aussi bien que les choses mêmes. La loi trouvée par Keppler et Newton que les corps s'attirent en raison directe de leurs masses et en raison inverse du carré de leurs distances, loi sur laquelle est fondée toute l'astronomie moderne, n'est-elle pas pensée par l'entendement divin? N'y a-t-elle pas une place aussi bien que l'idée de la Beauté et l'idée de la Justice absolue? Mais comment introduire dans l'entendement divin l'idée de la grandeur et l'idée de la petitesse? Est-ce que Dieu compare les choses? C'est le fait des intelligences bornées. Mais la grandeur et la petitesse, ne sont-ce pas les expressions des rapports des choses sensibles entre elles? Dieu ne connaît-il pas le monde, ne le connaît-il pas, ne le voit-il pas tel qu'il est dans toutes ses conditions et dans tous ses rapports? ne peut-il pas le connaître et le penser sans tomber lui-même dans le changement? Connaître et voir tout ce qui est, c'est connaître et voir les choses dans toutes leurs formes et relations diverses.

Platon n'a jamais dit explicitement que les idées sont des réalités indépendantes et qui se suffisent à elles-mêmes. Elles forment une hiérarchie, elles s'appuient les unes sur les autres et se soutiennent, elles ont en Dieu leur centre, leur principe et leur raison. L'idée du Bien ou Dieu, a seul sa raison en soi; elle est l'idée des idées et la loi des lois.

Que si l'on sacrifie les idées de relation et toutes celles qui expriment les conditions de l'existence phénoménale pour s'attacher seulement aux idées nécessaires et absolues, on ne pourra pas sans doute affirmer que ces idées répondent à autant de réalités distinctes ; mais qu'elles aient une existence idéale supérieure aux formes changeantes de l'être, lois et règles de notre esprit et le dominant, résidant dans l'unité de l'entendement divin, c'est ce qu'on peut soutenir à bon droit, et c'est là le fort du spiritualisme.

« Formes, types, exemplaires, dit M. Charles de Rémusat dans une pénétrante étude sur *Platon et son œuvre*, à propos du livre de M. George Grote [1], les idées sont, au moins dans la sphère des vérités nécessaires, des lois auxquelles tout être phénoménal qui les réalise est tenu de se conformer ; elles lui sont imposées comme son essence ; elles sont son essence virtuelle. Cette sorte de nécessité semble supposer aux idées une supériorité, une souveraineté, une puissance, une force. Dans l'impossibilité jusqu'ici de leur concevoir un mode d'existence, quoique l'on soit obligé de leur reconnaître tant d'autres attributs, et même de les regarder comme nécessaires, nous serait-il permis d'admettre une sorte d'existence que nous appellerions l'existence idéale, de supposer qu'il existe de toute éternité des vérités impératives qui n'ont aucune condition de l'être tel qu'il nous est connu, qui existent à l'état d'idées, et qui, dans cet état indéfinissable, sont cependant quelque chose d'efficace et de puissant ? Remarquez que dans la pratique la loi morale subsiste et agit sur nous d'une manière analogue. Pour l'homme qui ignore Dieu, ou qui, sans l'i-

1. *Revue des Deux Mondes*, 1868.

gnorer n'y pense pas, ou ne rapporte pas le devoir à sa volonté, qu'est-ce en soi que cette loi morale, ce type de l'honnête, cette idée du juste à laquelle il obéit et se sent obligé d'obéir? Ne me dites pas qu'il cède à un sentiment naturel; je le sais, et je sais que le *moi* est constitué de manière à se regarder, au moins dans ses bons moments, comme tenu d'obéir à quelque chose d'abstrait et d'intelligible qu'il n'a jamais vu, qu'il ne pense jamais rencontrer et qu'il ne peut placer dans aucune des conditions d'existence à lui connues. On dit pourtant : « L'honneur commande.... la justice veut.... la « probité exige.... » La moralité pratique est donc fondée sur une sorte d'idéalisme qui ne suppose rien de substantiel, et cependant agit sur nous et détermine notre action. Ne pourrions-nous concevoir, simplement par hypothèse, pour toutes les idées nécessaires, un système d'idéalisme qui les comprendrait toutes comme des principes virtuels de détermination et d'action que nous atteste leur pouvoir sur nous, que rien d'ailleurs ne présente sous une forme possible, aux yeux même de l'esprit? Cet idéalisme n'est pas expressément, identiquement dans Platon, si souvent accusé d'idéalisme. Il tend bien à croire que les idées existent, mais aussi qu'elles sont plus que des idées. L'idéalisme plus hardi, plus rigoureux que j'indique, paraît avoir été approché de plus près par les philosophes d'Alexandrie. Il y a dans Plotin divers passages qui n'ont de sens que dans la supposition d'un monde intelligible où rien n'existe que d'idéal. Cependant je crois que cette doctrine n'a guère été formellement, explicitement présentée comme je viens de le faire, et je ne la donne moi-même que comme une première hypothèse.

« .... Mais laissant cette métaphysique hardie, nous nous arrêtons à cette opinion prudente qui réduit les idées, dans le sens platonicien, aux idées nécessaires et primitives que reconnaissait Leibniz et dont nous ne pourrions donner le dénombrement que si nous possédions une connaissance parfaite de la nature des choses. Ces idées, comme vérités absolues, nous sont attestées par le spectacle de l'univers et par la conscience de notre pensée, deux choses qui coïncident et s'unissent pour nous montrer au dehors et au dedans des lois analogues et concordantes. Or des idées ne paraissent pas au sens commun pouvoir exister ailleurs que dans une intelligence. La nôtre conclut d'elle-même qu'elle ne saurait être la seule qui existe : autrement elle ne retrouverait pas en elle et dans les choses des lois qu'elle n'a point faites. Or, depuis Xénophane, depuis Anaxagore, l'existence de l'intelligence a été regardée comme le principe de l'ordre des choses....

« Nous voyons comment la théorie des idées peut comporter une interprétation qui la conserve en la simplifiant, et les termes mêmes dont Platon se sert autorisent cette interprétation. Si, pour lui, l'idée est l'unité qui domine la variété des phénomènes, ce que les idées sont aux objets, Dieu l'est aux idées, Dieu l'idée des idées, le dernier terme de la généralisation, l'unité suprême, le principe des principes, l'intelligence source des intelligences. Ainsi, comme Leibniz n'a pas craint de donner le nom de monade à Dieu même, nous pouvons avec Platon lui donner celui d'idée, et rien peut-être ne fonde plus sûrement l'existence de Dieu que cette dialectique qui la délivre naturellement de toute condition d'existence phénoménale, et qui rend aussi nécessaire que le soleil du monde sensible ce soleil du monde intelligible. »

C'est là en effet l'œuvre immortelle de Platon. Ce qui survit à son système, ce qui demeure inviolable à toute critique, c'est que le premier, plus scientifiquement que Socrate, il a dégagé dans le spectacle du monde visible et dans l'analyse de la pensée humaine, l'élément invariable, divin, principe d'ordre et de vie, qu'il l'a distingué fortement et systématisé sous le nom de monde intelligible ou monde idéal, qu'il a affirmé la réalité de ce monde, en a fait la patrie des esprits, l'aliment pur du cœur et de la raison, et a placé au sommet, non par un procédé de généralisation logique, mais par une élimination progressive des traits d'imperfection, l'être moral, le Dieu bon et intelligent, perfection pure et sans mélange, suprême objet de l'intelligence et de l'amour, c'est que le premier il a affirmé que le vrai réel, le vrai être, c'est l'idéal, loi, principe et raison des choses.

C'est par là, c'est parce que cette conception répondait aux besoins les plus élevés de la conscience humaine et les traduisait avec force et grandeur, que Platon a eu et conservera dans l'histoire une des premières places comme instituteur et maître des âmes, et que Cicéron, sans accepter toutes les opinions particulières du fondateur de l'Académie, a pu dire avec juste raison : *Plebeii philosophi qui a Socrate et Platone dissident.* Hors de l'esprit platonicien, nous ne disons pas du système platonicien, il n'y a que trivialité et bassesse. B. A.

15153. — PARIS, TYPOGRAPHIE LAHURE
rue de Fleurus, 9

LA RÉPUBLIQUE

(SEPTIÈME LIVRE)

I

SOCRATE. Maintenant figure-toi l'état de la nature humaine relativement à la science et à l'ignorance [1] d'après l'image que voici. Représente-toi une caverne souterraine pleinement ouverte du côté du jour, dans toute sa largeur, et, dans cette caverne, des hommes attachés depuis l'enfance par les jambes et le cou, de telle façon qu'ils soient réduits à ne pouvoir bouger ni tourner la tête, à cause de leurs chaînes, et ne voient que ce qu'ils ont en face. Derrière eux, en haut et à quelque distance, est un feu dont la lueur les éclaire, et entre ce feu et les captifs un sentier montant, bordé d'un petit mur, tel que ces cloisons que les bateleurs dressent entre eux et les spectateurs et au-dessus desquelles ils font paraître les merveilles qu'ils montrent.

GLAUCON. Je vois cela.

SOCRATE. Figure-toi ensuite, passant le long de ce mur, des hommes qui portent des objets de toute espèce, lesquels paraissent au-dessus du mur; des figures d'hommes, des figures d'animaux en pierre, en bois, de forme et de travail variés. Et parmi ceux qui passent ainsi, les uns, comme on le comprend, parlent entre eux, les autres ne disent rien.

GLAUCON. Quel singulier tableau, et quels étranges prisonniers!

SOCRATE. C'est justement ce que nous sommes. Et d'abord, crois-tu que d'eux-mêmes et de leurs compagnons, ceux-ci puissent voir autre chose que les ombres qui, grâce au feu, viennent se peindre vis-à-vis d'eux sur le fond de la caverne?

GLAUCON. Comment verraient-ils autre chose, puisqu'ils sont forcés de rester toute leur vie la tête immobile?

SOCRATE. Et des objets qui sont portés derrière eux pourront-ils voir autre chose que l'ombre?

GLAUCON. Comment le pourraient-ils? ·

SOCRATE. S'ils étaient capables de converser entre eux, ne crois-tu pas qu'ils désigneraient couramment comme les choses mêmes les ombres qu'ils voient?

GLAUCON. Assurément.

— SOCRATE. Et si la caverne avait un écho qui renvoyât la voix toutes les fois qu'un des passants viendrait à parler, ne croiraient-ils entendre parler qu'une ombre qui passe [1]?

GLAUCON. En aucune manière, par Jupiter.

SOCRATE. Ainsi ils croiraient qu'il n'y a absolument rien de réel que les ombres de ces objets.

— GLAUCON. De toute nécessité.

SOCRATE. Considère maintenant l'état de ces prisonniers, s'il pouvait arriver [2] qu'ils fussent délivrés de leurs chaînes et guéris de leur illusion. Le prisonnier détaché, forcé de se lever sur-le-champ, de tourner la tête, d'aller et de venir, et de regarder du côté de la lumière, ne pourra rien faire de tout cela sans souffrir. L'éblouissement ne lui permettra pas de regarder les choses dont il voyait tout à l'heure les ombres. Que penses-tu qu'il dira si l'on vient lui déclarer qu'il n'a rien vu jusqu'alors que de vaines apparences [1] ; et que maintenant, plus près de ce qui est, et tourné vers la réalité même, il voit plus juste ? Et si on lui montre chaque chose à mesure qu'elle passe, et qu'on l'oblige, à force de questions, à dire ce qu'elle est, ne crois-tu pas qu'il sera fort troublé et qu'il s'imaginera que ce qu'il voyait auparavant est plus vrai que ce qu'on lui montre ?

GLAUCON. Oui, certes.

II

SOCRATE. Et si on le force de fixer ses regards sur la lumière même [2], ses yeux n'en seront-ils pas blessés ? Ne s'en détournera-t-il pas pour retourner à ces ombres qu'il peut regarder aisément ? Ne pensera-t-il pas que celles-ci sont plus distinctes [3] en effet que les objets qu'on veut lui faire voir ?

GLAUCON. Certainement.

SOCRATE. Si on le tire de là [4] et qu'on le traîne de force par la montée rude et escarpée et qu'on ne le lâche pas avant de l'avoir porté à la lumière du soleil, ne se plaindra-t-il pas, ne s'indignera-t-il pas de la violence qu'il subit ? et, parvenu au grand jour, les yeux pleins d'éblouissement, pourra-t-il distinguer aucun des objets que nous appelons communément des objets véritables [5] ?

GLAUCON. Aucun, sans doute, dans le premier moment.

SOCRATE. Ce n'est que peu à peu, à ce que je crois, qu'il pourra se faire au spectacle des choses d'en haut. Il distinguera d'abord avec la plus grande facilité les ombres, puis dans le miroir des eaux les images des hommes et des autres objets qui s'y reflètent, puis les objets eux-mêmes. Ensuite il se tournera vers le ciel et vers ce qu'il contient, soutenant plus facilement sa vue pendant la nuit, quand il contemplera la lune et les étoiles, qu'il ne pourrait le faire pendant le jour, incapable qu'il est de supporter le soleil et son éclat.

GLAUCON. Sans contredit.

SOCRATE. De la sorte, à la fin, je pense, il deviendra capable de regarder et de contempler le soleil, non pas seulement dans les eaux et partout où se réfléchit son image, mais en lui-même véritablement et à sa vraie place.

GLAUCON. Assurément.

SOCRATE. Puis, partant de là, il conclura que c'est le soleil qui fait les saisons et les années, qui gouverne tout dans le monde visible, et qu'il est, en quelque manière, la cause de tout ce que les prisonniers voyaient dans la caverne.

GLAUCON. Il est certain qu'il montera par tous ces degrés à cette conclusion.

SOCRATE. Et s'il rappelait à son souvenir son ancienne demeure, et ce qu'on y appelait sagesse, et ses compagnons de chaînes, ne penses-tu pas qu'il se féliciterait de son nouvel état et qu'il prendrait les autres en pitié?

GLAUCON. Sans nul doute.

SOCRATE. Et s'il y avait parmi eux des honneurs, des louanges, des récompenses publiques accordées à qui savait le mieux observer les ombres à leur passage, se souvenir le plus exactement de celles qui précédaient, suivaient et marchaient ensemble, ou deviner le plus sûrement lesquelles allaient se montrer, crois-tu qu'il regrettât beaucoup ces distinctions et qu'il estimât bien heureux ceux qui les reçoivent là-bas; ou ne penserait-il pas comme le personnage d'Homère et ne souhaiterait-il pas « vivre aux champs, esclave d'un pauvre laboureur [1] », et souffrir tout au monde plutôt que de revenir à ses illusions et à sa vie d'autrefois.

GLAUCON. Certes, il n'y a rien qu'il ne préférât à une pareille vie.

SOCRATE. Songe encore à ceci : S'il redescendait dans la caverne et revînt s'asseoir à son ancienne place, dans ce passage subit de l'obscurité à la lumière, ne se trouverait-il pas d'abord comme aveuglé ?

GLAUCON. Tout à fait.

SOCRATE. Et si, tandis qu'il ne peut encore rien distinguer, quand ses yeux ne sont pas faits aux ténèbres, ce qui demande bien quelque temps, il lui fallait démêler ces ombres et disputer à leur sujet avec les prisonniers qui sont restés enchaînés, ne donnerait-il pas à rire ? N'entendrait-il pas dire autour de lui que, pour être monté là-haut, il a perdu la vue, qu'il ne faut pas prétendre à s'élever de la sorte, et que, s'ils les peuvent saisir et tuer, ils tueront tous ceux qui entreprendront de briser leurs liens et de les conduire en haut.

GLAUCON. Ce n'est pas douteux.

III

SOCRATE. Cette image, mon cher Glaucon, représente exactement notre condition. Le séjour de la prison souterraine, c'est le monde visible, le feu qui l'éclaire de sa lueur, c'est la lumière du soleil; l'ascension du captif à la région supérieure et sa contemplation des objets d'en haut, c'est l'essor de l'âme qui s'élève au monde intelligible. Telle est du moins ma conviction, si tu veux en être instruit. Dieu sait si elle est bien fondée. Quant à moi, la chose me paraît telle que je vais dire. Aux extrêmes limites du monde intelligible est l'idée du bien qu'on n'aperçoit qu'à peine, mais qu'on ne peut apercevoir sans conclure qu'elle est pour tous la cause de tout ce qu'il y a de bien et de beau, que dans le monde visible elle produit la lumière et le roi de la lumière [1]; que dans le monde intelligible, où elle est souveraine, elle engendre la vérité et l'intelligence, et que tout homme qui veut se conduire sagement dans la vie privée ou dans la vie publique doit s'attacher constamment à cette idée.

GLAUCON. Je suis d'accord avec toi, autant que je puis entrer dans ta pensée.

SOCRATE. Courage donc, et admets encore avec moi, et ne t'étonnes pas que ceux qui sont parvenus à cette hauteur ne tiennent point à prendre part aux affaires humaines, mais que leurs âmes aspirent sans cesse à s'établir dans les régions supérieures. Et cela paraît naturel, si ce que nous disons présentement a quelque analogie avec l'image que nous avons tracée tout à l'heure.

GLAUCON. Fort naturel en effet.

SOCRATE. Quoi donc! Faut-il s'étonner qu'un homme descendu de cette contemplation divine, je le répète, à nos misères humaines, se montre maladroit et prête à rire[1], si, l'esprit aveuglé en quelque sorte, et non encore familiarisé avec les ténèbres d'ici-bas, il est forcé de s'amuser à des disputes devant les tribunaux ou ailleurs sur des ombres de justice ou sur les images que projettent ces ombres, et de s'évertuer contre la manière dont ces choses sont entendues par des gens qui n'ont jamais vu la justice elle même.

GLAUCON. Il n'y a là rien d'étonnant.

SOCRATE. Mais un homme sensé ferait réflexion qu'il y a deux causes qui peuvent troubler la vue : le passage de la lumière à l'obscurité et celui de l'obscurité à la lumière. Il appliquerait la même règle à l'état de l'âme, et lorsqu'il en verrait quelqu'une embarrassée et impuissante à distinguer nettement quelque objet, il ne s'échapperait pas à rire sottement, mais il examinerait si ce n'est pas que, venant d'un état plus lumineux, elle est offusquée par la nouveauté des ténèbres, ou si, ayant passé de l'épaisse ignorance au grand jour de la vérité, ses yeux ne sont pas aveuglés par son trop vif éclat. Dans le premier cas, il vanterait le bonheur de l'âme troublée, pour être descendue de sa vie parfaite; dans le second, il la prendrait en pitié, et s'il en voulait rire, il lui serait moins ridicule de le faire que s'il s'agissait de l'âme qui vient des hauteurs lumineuses.

GLAUCON. Il me paraît bien que tu as raison.

IV

SOCRATE. S'il en est ainsi, il faut conclure que l'initiation à la science n'a pas lieu comme plusieurs le disent. Ils prétendent qu'ils communiqueront la science à une âme qui par nature ne la possède point, à peu près comme on donnerait la vue à des yeux aveugles.

GLAUCON. Ils le prétendent en effet.

SOCRATE. Mais tout ce que nous avons dit montre bien que dans l'âme de chacun réside la faculté d'apprendre et un organe de la science; et, comme des yeux qui ne pourraient se tourner de l'obscurité vers la lumière qu'avec le corps tout entier [1], de même l'intelligence doit se tourner avec l'âme tout entière en commençant par ce qui *devient* jusqu'à ce qu'elle ait pu soutenir la vue de ce qui *est* [2] et dans ce qui *est* de ce qu'il y a de plus lumineux, et cela c'est ce que nous appelons le bien.

GLAUCON. Il est vrai.

SOCRATE. Tout l'art consiste à trouver la manière la plus aisée et la plus sûre dont l'âme puisse faire son évolution. Il ne s'agit pas de lui fournir la faculté de voir, elle la possède; mais cette faculté n'est pas bien dirigée, et ne regarde pas là où il faut. C'est ce qu'il convient de corriger.

GLAUCON. Il me le paraît aussi.

SOCRATE. Il y a quelque analogie entre les autres vertus de l'âme et les qualités du corps [3]. L'exercice assidu et l'accoutumance finissent par introduire en nous celles que la nature n'y a point mises; mais la faculté de savoir a quelque chose de beaucoup plus di-

vin, une vertu qui ne perd jamais sa force, et devient
selon la manière dont on la gouverne utile ou inutile,
nuisible ou avantageuse. N'as-tu jamais remarqué
jusqu'où va la finesse de ceux qu'on appelle d'habiles
scélérats? Avec quelle perspicacité leur méchante
petite âme sait pénétrer ce qui l'occupe. Ils n'ont pas
du tout la vue mauvaise, mais ils la mettent au service de leur malignité, et, de cette manière, ils sont
d'autant plus malfaisants qu'ils sont plus avisés.

GLAUCON. Rien n'est plus vrai.

SOCRATE. Si, dès l'enfance, on coupait ces penchants
nés avec la chair, lesquels, comme autant de poids,
portent l'âme en bas, vers les festins, les voluptés et
les plaisirs de la table, et la ravalent aux choses inférieures, si le principe divin, purifié de la sorte, était
tourné vers la vérité, comme il réside en ces hommes
aussi bien que dans les autres, ils sauraient apercevoir
la vérité avec la même pénétration qu'ils aperçoivent
ce à quoi ils s'appliquent maintenant.

GLAUCON. Cela est probable.

SOCRATE. Ne peut-on pas, de ce que nous avons dit,
conclure avec la même vraisemblance, et même d'une
manière nécessaire, que ceux qui sont d'esprit inculte
et étrangers à la connaissance de la vérité [1], et ceux
qu'on laisse passer leur vie tout entière dans sa recherche seront également incapables de gouverner l'État,
les premiers parce qu'ils n'ont dans leur conduite aucun
but où ils visent uniquement et auquel ils rapportent
toutes leurs actions dans la vie publique et dans la vie
privée; les autres parce qu'ils ne voudront jamais se
charger de ce fardeau, se figurant déjà ici-bas que, dé-
gagés des misères humaines, ils habitent les îles fortunées?

GLAUCON. Il est vrai.

SOCRATE. C'est donc notre devoir à nous, fondateurs d'une cité, d'obliger les âmes les plus excellentes de s'appliquer à cette étude que nous avons déclarée la plus haute, à savoir la contemplation du bien, et d'essayer de s'y élever par le chemin que nous avons tracé; mais, après qu'ils auront gravi ces sommets et qu'ils l'auront contemplé à loisir, il ne faut pas leur accorder ce qu'on leur accorde aujourd'hui.

GLAUCON. Eh quoi donc ?

SOCRATE. De s'y établir à demeure sans vouloir redescendre vers nos captifs, ni prendre leur part des travaux et des honneurs de là-bas, quel que soit au fond le cas qu'on en doive faire.

GLAUCON. Quoi? serons-nous si durs à leur égard que de les réduire à une vie misérable, quand ils peuvent goûter un sort plus heureux?

V

SOCRATE. Tu oublies de nouveau, mon cher ami, que le but du législateur n'est pas d'assurer le bonheur d'un seul ordre de citoyens, mais que ses efforts doivent tendre à l'établir dans toute la cité; qu'il doit user de persuasion et de contrainte pour unir ensemble tous les citoyens, les amener à s'entr'aider et se faire part les uns aux autres des avantages qu'ils peuvent apporter à la communauté; et que s'il forme avec soin de tels hommes, ce n'est pas pour leur permettre ensuite de faire ce qu'ils voudront, mais pour resserrer le lien de l'État par leur moyen.

GLAUCON. Ton observation est juste, je l'avais oublié.

Socrate. Fais attention du reste, Glaucon, que nous ne serons nullement injustes à l'égard de ceux qui chez nous se feront philosophes, et qu'en les obligeant d'exercer la tutelle et de prendre la garde de tous'les autres, nous pourrons leur donner de justes raisons. Nous leur dirons que tous ceux qui, dans les autres pays, veulent s'adonner à la philosophie ont quelque droit de se soustraire au fardeau des affaires publiques, car seuls ils se sont faits philosophes, en dépit de l'État et contre son gré; qu'il est équitable que ce qui ne doit qu'à soi sa naissance et son développement ne soit tenu à payer à personne le prix de l'éducation. Mais, « vous, nous vous avons formés, et non pas seulement pour vous seuls, mais pour tous les autres citoyens, afin que, comme les reines dans les ruches d'abeilles, vous soyez chefs et rois dans la cité. Voilà pourquoi nous vous avons donné une éducation meilleure et plus parfaite qu'aux autres. C'est pour vous rendre capables de suffire à un double emploi [1]. Vous devez donc descendre, chacun à votre heure, dans le mouvement de la vie commune, vous accoutumer à démêler l'obscurité qui y règne. Quand vous vous y serez habitués, vous y verrez bien mieux que ceux qui habitent dans ces ténèbres. Vous saurez mieux qu'eux distinguer les fantômes du beau, du juste et du bien pour avoir vu ailleurs le beau, le juste et le bien en eux-mêmes. De la sorte, notre cité, qui est la vôtre, sera une vivante réalité et non pas un vain rêve de cité, comme il y en a tant, peuplées d'hommes qui se battent pour des ombres et se disputent le pouvoir comme si c'était un grand bien. » Mais la vérité, là-dessus, est que le bon ordre et l'union règnent nécessairement dans les États où ceux qui doivent gouverner ne montrent aucune passion pour le pouvoir, et tout le contraire là où les chefs en sont avides.

GLAUCON. Rien n'est plus véritable.

SOCRATE. Crois-tu donc que ceux que nous aurons élevés ne seront pas touchés par ces raisons et ne consentiront pas à porter, chacun à son tour, le poids des charges publiques, pour aller ensuite passer la plus grande partie de leur vie dans le séjour de la pure lumière[1]?

GLAUCON. C'est impossible, car c'est à des hommes justes que nous adressons ces justes commandements. Mais chacun d'eux acceptera le pouvoir comme une nécessité à subir, tout au contraire de ceux qui commandent dans les autres États.

SOCRATE. Il en est ainsi, mon ami. Là où tu pourras trouver pour ceux qui doivent gouverner une condition qu'ils préfèrent à l'exercice de l'autorité, tu auras un Etat bien ordonné, car ceux-là seulement commanderont qui sont vraiment riches, non en or, mais en sagesse et en vertu, les seules richesses qui fassent le bonheur. Mais là où les va-nu-pieds, les affamés des biens qu'ils n'ont pas, se précipiteront sur le pouvoir, dans l'espoir et l'intention de s'y assouvir, tu ne trouveras que désordre. Le pouvoir y est une proie autour de laquelle on livre bataille, et cette lutte intestine et domestique perd à la fin et les ambitieux aux prises et l'État qu'ils se disputent[2].

GLAUCON. C'est la vérité même.

SOCRATE. Mais y a-t-il au monde d'autres hommes que ceux qui s'adonnent à la vraie philosophie pour dédaigner les honneurs et la puissance?

GLAUCON. Il n'y en a point, par Jupiter.

SOCRATE. D'autre part, c'est aux hommes qui ne sont

pas amoureux du pouvoir qu'il faut le confier, autrement la rivalité armera les ambitieux les uns contre les autres.

GLAUCON. Comment en serait-il autrement?

SOCRATE. Par conséquent à qui imposeras-tu le soin de garder l'État, si ce n'est à ceux qui sont le mieux instruits dans la science du gouvernement et qui estiment qu'il y a une vie et des honneurs qui valent mieux que la vie et les honneurs politiques?

GLAUCON. Je n'en choisirai point d'autres.

VI

SOCRATE. Veux-tu que nous cherchions maintenant par quelle méthode nous pourrons former de pareils hommes, et comment nous les ferons sortir des ténèbres, comme on dit de plusieurs, qui des enfers ont monté vers les dieux?

GLAUCON. Oui, certes, je le veux bien.

SOCRATE. La chose n'est pas si aisée que de retourner l'écaille[1]. Il s'agit de faire faire à l'âme une évolution telle, que du jour crépusculaire où elle est tombée elle remonte jusqu'à la vraie lumière de l'être. Ce retour en haut, nous l'appellerons la vraie philosophie.

GLAUCON. Fort bien.

SOCRATE. Il faut donc examiner quelle est entre les sciences celle qui a une telle vertu.

GLAUCON. Soit.

SOCRATE. Quelle sera donc, ô Glaucon, la science qui élève l'homme de ce qui *devient* vers ce qui *est?* En disant cela, je pense à une chose. N'avons-nous pas dit qu'il fallait que nos philosophes fissent dans la jeunesse l'apprentissage de la guerre?

GLAUCON. Oui.

SOCRATE. Il faut donc que la science que nous cherchons, outre ce premier avantage [1], en ait un autre.

GLAUCON. Lequel?

SOCRATE. C'est de n'être point inutile à des hommes de guerre.

GLAUCON. Oui, s'il est possible.

SOCRATE. Nous avons commencé à les former à l'aide de la gymnastique et de la musique.

GLAUCON. Il est vrai.

SOCRATE. Mais la gymnastique se rapporte à ce qui naît et périt, puisqu'elle préside aux exercices qui peuvent accroître ou diminuer la force du corps.

GLAUCON. Apparemment.

SOCRATE. Elle n'est donc pas la science que nous cherchons.

GLAUCON. Non.

SOCRATE. Serait-ce la musique telle que nous l'avons exposée ci-dessus?

GLAUCON. Mais la musique, s'il t'en souvient, faisait le pendant de la gymnastique. Son objet nous semblait être de donner de bonnes habitudes aux guerriers [2] en réglant leurs âmes, en y faisant régner par l'effet de l'harmonie et du rhythme non la science, mais un bel accord et une juste pondération. Dans la même fin elle employait les discours véritables et les fictions. Mais il n'y avait en elle rien qui ressemblât à la science que tu cherches maintenant, celle qui met l'âme en possession du bien même.

SOCRATE. Ton observation est juste. La musique ne nous a paru rien contenir de tel. Mais, mon cher Glau-

con, quelle sera donc la science qui pourra nous satisfaire ? Nous ne pouvons songer ici aux arts mécaniques
qui nous ont semblé vils et bas.

GLAUCON. Mais si nous rejetons la gymnastique, la
musique et les arts, quelle autre science nous peut-il
rester encore ?

SOCRATE. Si en dehors de ces sciences nous ne trouvons plus rien, prenons quelque science qui s'étende
à tout en général.

· GLAUCON. Laquelle donc ?

SOCRATE. Cette science qui est si commune, que tous
les arts, tous les exercices de l'esprit et toutes les
sciences y puisent, et que c'est une nécessité pour tout
le monde de l'apprendre avant tout le reste.

GLAUCON. Mais laquelle, encore une fois ?

SOCRATE. Cette science vulgaire qui apprend à connaître un, deux, trois. Je l'appelle en gros, science des
nombres et du calcul. N'est-elle pas de telle nature
qu'aucun art, qu'aucune science ne peut s'en passer ?

GLAUCON. Il est vrai.

SOCRATE. Ni l'art militaire, par conséquent ?

GLAUCON. Il faut l'accorder nécessairement.

SOCRATE. Palamède, dans les tragédies, fait constamment d'Agamemnon un risible chef d'armée ¹. N'as-tu
pas remarqué que ce Palamède prétend avoir, grâce
aux nombres qu'il avait inventés, établi les lignes du
camp devant Troie et fait le dénombrement des vais-
seaux et de toutes les autres choses, comme si, avant
lui, rien de tout cela n'eût été dénombré et qu'Agamemnon ignorât même combien il avait de pieds, puisque, selon lui, il ne savait pas compter. N'eût-ce pas
été alors. à ton avis, un bien étrange général ?

GLAUCON. Fort étrange, dans ce cas, assurément.

VII

SOCRATE. Il est donc nécessaire à l'homme de guerre, nous le pouvons dire, de savoir compter et calculer?

GLAUCON. Tout à fait nécessaire, pour peu qu'il ait quelque idée de la distribution d'une armée, bien plus, s'il veut être homme.

SOCRATE. Maintenant, te fais-tu la même opinion que moi de cette science?

GLAUCON. Voyons.

SOCRATE. Cette science pourrait bien être du nombre de celles que nous cherchons, qui élèvent l'âme à la pure intelligence. Mais bien qu'elle soit capable de nous faire monter à la contemplation de l'être, personne ne sait s'en servir comme il faut.

GLAUCON. Comment cela?

SOCRATE. Je vais tâcher de te faire comprendre ma pensée. En même temps que je distinguerai ce qui est propre à élever l'âme au point où nous voulons, de ce qui n'y est pas propre, de ton côté considère la même chose en toi-même, puis accorde ou nie, afin que nous voyions plus distinctement s'il en est comme je le déclare.

GLAUCON. Explique-toi.

SOCRATE. Si tu veux y regarder de près, tu comprendras que parmi les choses qui tombent sous les sens, les unes n'excitent point l'intelligence à réfléchir, parce que la connaissance que les sens en donnent est suffisamment claire, les autres au contraire éveillent l'esprit et appellent son effort parce que les sens ne nous permettent pas de porter sur elles un jugement de bon aloi.

GLAUCON. Tu veux parler sans doute d'objets qui apparaissent au loin et des vagues silhouettes dessinées?

SOCRATE. Non, c'est mal entendre ce que je veux dire.

GLAUCON. Eh qu'est-ce donc que tu veux dire?

SOCRATE. Par objets n'excitant pas l'âme à réfléchir, j'entends tous ceux qui ne produisent pas en même temps deux perceptions contraires; et par objets éveillant la réflexion, ceux qui produisent à la fois deux perceptions opposées; comme lorsque le sens ne nous montre pas plus l'objet de telle façon que de la façon contraire, que celui-ci nous frappe de près ou de loin, il n'importe. Voici qui t'éclaircira mieux ma pensée : nous disons que voilà trois doigts, le pouce, l'index et le médius [1].

GLAUCON. C'est clair.

SOCRATE. Suppose que j'en parle comme si on les voyait de près. A présent remarque ceci.

GLAUCON. Quoi?

SOCRATE. Chacun des trois nous semble également un doigt; et ici, il importe peu que ce soit celui du milieu ou l'un des deux autres, qu'il paraisse blanc ou noir, gros ou fin, et ainsi du reste. En tout cela le vulgaire n'a nul besoin d'avoir recours à son intelligence et de chercher ce que c'est qu'un doigt. Le sens de la vue, en effet, n'a jamais montré à personne qu'un doigt fût en même temps doigt et autre chose qu'un doigt.

GLAUCON. Assurément non.

SOCRATE. On peut donc affirmer avec raison qu'en un tel objet rien n'excite ni ne réveille l'entendement.

GLAUCON. On peut l'affirmer.

SOCRATE. Mais pour ce qui est de la grandeur et de la petitesse des doigts, la vue en juge-t-elle bien, et n'importe-t-il pas ici que l'un d'eux soit au milieu ou à l'extrémité? Et de même pour la grosseur et la finesse, pour la mollesse et la dureté au toucher? Et les autres données des sens, nous sont-elles sur tout cela bien exactes? Ou plutôt chaque sens ne se comporte-t-il pas de cette sorte : le sens qui se rapporte à ce qui est dur ne peut en juger qu'après s'être appliqué à ce qui est mou, et il fait connaître à l'âme qu'au rapport de la sensation c'est une seule et même chose qui est à la fois dure et molle?

GLAUCON. Il est vrai.

SOCRATE. Comment donc alors l'âme ne serait-elle pas embarrassée de ce que peut être un même objet que le même sens déclare en même temps dur et mou, et de même de ce que peut être la pesanteur et la légèreté quand le même sens dit que ce qui est pesant est léger et que ce qui est léger est pesant.

GLAUCON. Ce sont là en effet pour l'âme d'étranges témoignages et qui exigent un examen de sa part.

SOCRATE. C'est donc avec raison que l'âme, en pareil sujet, fait d'abord appel à l'intelligence et à la réflexion, et tâche d'examiner si c'est sur une seule chose ou sur deux que porte chacun de ces témoignages.

GLAUCON. Avec grande raison.

SOCRATE. Si elle juge que ce sont deux choses, chacune d'elles ne lui paraîtra-t-elle pas une et distincte de l'autre[1]?

GLAUCON. Oui.

SOCRATE. Si donc chacune d'elles lui paraît une, et l'une et l'autre deux, elle les concevra toutes deux séparément ; car la pensée d'objets non séparés et distincts ne paraît pas la pensée de deux objets, mais d'un seul[1].

GLAUCON. Fort bien.

SOCRATE. Or nous avons dit que le sens de la vue perçoit la grandeur et la petitesse non comme choses distinctes, mais comme mêlées ensemble, n'est-il pas vrai?

GLAUCON. C'est vrai.

SOCRATE. Et pour démêler cette confusion, il faut que l'intelligence considère la grandeur et la petitesse non plus comme choses mêlées ensemble, mais comme choses distinctes l'une de l'autre, au contraire du sens de la vue.

GLAUCON. Il est vrai.

SOCRATE. N'est-ce pas de là que nous sommes portés d'abord à nous demander ce que c'est en somme que la grandeur et ce que c'est que la petitesse?

GLAUCON. Tout à fait.

SOCRATE. Et c'est ainsi que nous avons été amenés à distinguer l'intelligible d'un côté et le visible de l'autre.

GLAUCON. Très-bien.

VIII

SOCRATE. Voilà précisément ce que je voulais dire tout à l'heure, lorsque parmi nos perceptions je disais que les unes sont propres à exciter la réflexion et non les autres, et que par les premières je marquais celles qui enveloppent des perceptions contraires, par les autres celles qui ne renferment rien de semblable.

GLAUCON. Je l'entends à présent et je suis de ton avis.

SOCRATE. Le nombre et l'unité, à laquelle des deux espèces les faut-il rapporter selon toi?

GLAUCON. Je ne le vois pas bien.

SOCRATE. Mais reporte-toi à ce que nous avons dit tout à l'heure. Si l'unité en soi est clairement perçue par la vue ou par quelque autre sens, cette perception ne saurait nous conduire à la connaissance de l'essence, comme nous le disions du doigt[1]; mais si cette perception de l'unité enveloppe toujours quelque perception contraire, de telle sorte que l'objet ne paraisse pas plus unité que pluralité, il faut alors recourir au juge qui décide : l'âme embarrassée et ne sachant que dire est forcée de réveiller l'entendement et de lui demander ce que peut être l'unité en soi C'est ainsi que la connaissance de l'unité est une des connaissances qui tournent et acheminent l'âme à la contemplation de l'être.

GLAUCON. La perception de l'unité par la vue a précisément cet effet. La même chose nous apparaît en même temps une et multiple à l'infini.

SOCRATE. S'il en est ainsi de l'unité, n'en peut-on pas dire autant de tout nombre quel qu'il soit?

GLAUCON. Sans contredit.

SOCRATE. Or le calcul et l'arithmétique ont pour objet le nombre.

GLAUCON. Oui.

SOCRATE. L'un et l'autre par conséquent acheminent l'âme à la vérité[2].

GLAUCON. Incontestablement.

SOCRATE. Nous pouvons donc les ranger parmi les sciences que nous cherchons. L'homme de guerre ne peut se dispenser de les connaître pour bien ordonner une armée ; le philosophe, pour s'élever au-dessus des choses qui naissent et périssent, et atteindre jusqu'à l'essence pure, car sans cela il n'a que faire d'être habile en arithmétique[1].

GLAUCON. C'est vrai.

SOCRATE. Mais le gardien de notre État est en même temps homme de guerre et philosophe.

GLAUCON. En effet.

SOCRATE. Il conviendrait donc, ô Glaucon, de faire une obligation légale de cette science, et de persuader à ceux qui sont destinés à occuper les premières places dans l'État de s'adonner à la science du calcul, et de l'étudier non pas à la mode du vulgaire, mais pour s'élever par l'effort de l'intelligence pure jusqu'à la contemplation de la pure essence des nombres ; non dans la vue intéressée des achats et des ventes, comme font les marchands et les négociants, mais pour les applications de la guerre et pour rendre plus facile l'élan de l'âme se dégageant du brouillard des choses périssables et montant à la vérité et à l'être.

GLAUCON. C'est fort bien parler.

SOCRATE. Cette science du calcul, dont nous nous entretenons, je vois maintenant en moi-même combien elle est belle, et en combien de manières elle est utile au dessein où nous visons, pour peu qu'on veuille l'étudier pour connaître et non dans une vue mercenaire.

GLAUCON. Comment cela?

SOCRATE. C'est que, comme nous venons de le dire, elle porte fortement l'âme en haut et la force à raisonner sur les nombres pris en eux-mêmes sans admettre jamais que ses calculs roulent sur des nombres

de choses qui tombent sous la vue et le toucher. Tu
sais en effet ce que font ceux qui sont versés dans
l'arithmétique. Si l'on prétend devant eux diviser l'u-
nité pure[1], ils se moquent de vous et n'y veulent pas
entendre ; si on la divise, ils la multiplient d'autant,
dans la crainte que l'unité ne paraisse plus unité mais
pluralité.

GLAUCON. C'est très-vrai.

SOCRATE. Et si on leur posait cette question : Calculateurs merveilleux, de quels nombres parlez-vous?
Où donc trouvez-vous ces unités que vous définissez,
chacune égale en tout à chacune, sans qu'il y ait la
moindre différence ni aucune composition de parties?
Que penses-tu, Glaucon, qu'ils répondissent?

GLAUCON. Sans doute qu'ils parlent de ces nombres
qui peuvent être seulement pensés, mais qui ne tombent aucunement sous les sens.

SOCRATE. Tu vois donc bien, mon ami, que c'est à
bon droit que nous déclarons cette science nécessaire,
puisque manifestement elle oblige l'âme à se servir de
la pure intelligence pour connaître la pure vérité.

GLAUCON. Telle est en effet sa vertu.

SOCRATE. As-tu remarqué de plus que ceux qui sont
nés calculateurs montrent comme une heureuse aptitude pour toutes les sciences, et que même les esprits
lents, quand ils ont été dressés et exercés au calcul, à
défaut d'autre avantage, arrivent à gagner sensible-
ment en pénétration?

GLAUCON. Cela est véritable.

SOCRATE. Au reste il est malaisé de trouver beaucoup de sciences qui donnent plus de peine que celle-
là à qui les étudie et les apprend[2].

GLAUCON. Fort malaisé.

SOCRATE. Pour toutes ces raisons, il ne faut pas négliger cette science, mais y appliquer pour les cultiver
les esprits les mieux doués.

GLAUCON. J'en conviens.

IX

SOCRATE. Nous voilà déjà en possession d'une science.
Voyons maintenant si cette autre, qui tient étroitement
à la première, ne nous conviendrait pas.

GLAUCON. Laquelle? Est-ce la géométrie dont tu
veux parler?

SOCRATE. Elle-même.

GLAUCON. Pour ce qui est des choses de la guerre,
il est évident qu'elle nous convient. S'agit-il, en effet,
d'asseoir un camp, de prendre une place, de resserrer
ou d'étendre des lignes de bataille, et en général de
toutes les manœuvres qu'on accomplit dans le feu de
l'action ou dans une marche, il y a bien de la différence pour un chef d'armée à être géomètre ou non.

SOCRATE. Mais une simple teinture de géométrie et
d'arithmétique suffirait largement pour de pareilles
opérations. Il faut voir si la partie la plus haute, la
partie transcendante de ces sciences ne nous conduit
pas où nous voulons, c'est-à-dire à rendre plus facile
à l'esprit l'intuition du Bien. Car c'est là que tendent,
selon nous, toutes les sciences qui forcent l'âme à se
tourner vers le séjour du plus heureux de tous les
êtres, de celui que l'âme doit contempler de toute manière.

GLAUCON. Tu dis bien.

SOCRATE. Si donc la géométrie porte l'esprit vers

l'essence pure, elle nous convient ; si vers les choses changeantes et périssables, elle ne nous convient pas.

GLAUCON. Soit.

SOCRATE. Or, si peu qu'on ait de géométrie, on ne nous contestera pas que cette science ne soit tout à fait différente de l'idée qu'on en prendrait en écoutant les discours de ceux qui en font profession.

GLAUCON. Comment cela ?

SOCRATE. Leur langage est en vérité presque risible quoique rigoureux et indispensable [1]. A les entendre parler de quarrer, de prolonger, d'ajouter, etc., on croirait qu'ils opèrent réellement et que toutes leurs raisons n'ont d'autre fin que la pratique. Cependant cette science ne se rapporte qu'à la connaissance pure [2].

GLAUCON. Rien de plus vrai.

SOCRATE. Il faut alors accorder encore ceci.

GLAUCON. Quoi ?

SOCRATE. Qu'elle est la science de ce qui est toujours et non de ce qui commence à être et périt.

GLAUCON. Il n'y a pas de difficulté à l'accorder. La géométrie est bien, en effet, la connaissance de ce qui est toujours.

SOCRATE. Il suit de là, mon cher ami, qu'elle a la vertu de dresser l'âme à la vérité et de former en elle l'esprit philosophique, en portant en haut l'esprit au lieu de l'abaisser, comme on fait à tort, vers les choses inférieures [3].

GLAUCON. Rien n'est plus certain.

SOCRATE. Il faut donc prescrire très-expressément aux citoyens de notre belle cité de ne négliger en aucune manière l'étude de la géométrie, d'autant plus qu'elle a encore d'autres avantages qui ne sont pas à dédaigner.

GLAUCON. Lesquels ?

SOCRATE. Ceux que tu signalais toi-même et qui se rapportent à la guerre. Pour ce qui regarde l'acquisition des autres sciences, nous savons aussi qu'il n'est pas indifférent, tant s'en faut, que celui qui les aborde ait ou non quelques notions de géométrie.

— GLAUCON. Par Jupiter, il s'en faut bien, en effet.

SOCRATE. Telle sera donc la seconde étude que nous établirons pour nos jeunes gens.

GLAUCON. Soit. —

X

SOCRATE. Maintenant placerons-nous en troisième lieu l'astronomie, ou ne le veux-tu pas ?

GLAUCON. Je le veux bien, car s'il est utile à l'agriculteur et au pilote de mieux connaître qu'un autre les saisons, les mois et les années, cela n'est pas moins nécessaire au chef d'armée.

SOCRATE. En vérité tu pousses loin la bonté d'âme[1]. On dirait que tu crains qu'on[2] ne t'accuse de prescrire des sciences inutiles. Celles dont il est question ont un avantage qui n'est pas méprisable, sans doute, mais difficile à apprécier, c'est de purifier et de ranimer en chacun un organe de l'âme souillé et engourdi par les autres soins de la vie et qui mérite plus que les yeux du corps d'être gardé pur et sain, car c'est à lui seul qu'on doit l'intuition de la vérité. Ceux qui sur ce point entrent dans nos vues, ne manqueront pas d'applaudir à tes prescriptions ; mais ceux qui n'y sont jamais entrés penseront vraisemblablement que ce que tu dis n'a pas de sens, car ils ne voient dans ces sciences aucune autre utilité appréciable que celle dont tu as parlé[1]. Songe donc à qui des deux espèces d'hommes tu t'adresses, ou si ce n'est ni pour les uns ni pour les autres, mais seulement pour toi-même, que tu raisonnes comme tu le fais, sans toutefois refuser à personne la liberté de tirer profit de tes discours.

GLAUCON. Mon choix est fait. C'est principalement pour moi-même qu'il me plaît de parler, d'interroger et de répondre.

SOCRATE. Reviens alors en arrière, car nous avons commis la faute de passer la science qui fait immédiatement suite à la géométrie.

GLAUCON. Comment cela s'est-il fait?

SOCRATE. Après les surfaces planes nous avons pris les solides en mouvement, avant d'avoir considéré les solides en eux-mêmes. Or l'ordre exige qu'après ce qui a deux dimensions nous arrivions à ce qui en a trois[2], je veux parler des cubes[3] et de tout ce qui a de la profondeur.

GLAUCON. Il est vrai, mais cette science n'est pas encore faite[4].

SOCRATE. Il y a à cela deux raisons. En premier lieu c'est que ces spéculations étant fort difficiles, et aucun État ne les encourageant, on s'y applique avec tiédeur, et d'autre part, ceux qui se livrent à ces études n'ont pas le guide faute duquel les recherches sont vaines. Or il est d'abord difficile d'en trouver un, et quand on le trouverait, dans la situation présente, ceux qui s'adonnent à ces sciences sont trop infatués d'eux-mêmes pour se laisser conduire. Mais si l'État lui-même prenait la direction des esprits et honorait ces 'travaux, les savants accepteraient sa maîtrise, et ces sciences, grâce à des efforts énergiques et persévérants, seraient éclaircies, puisque aujourd'hui même, quoique le public ne les estime ni ne les encourage et que les savants mêmes qui les cultivent n'en comprennent pas la portée[1], par la seule force de l'attrait qu'elles exercent, elles ne laissent pas cependant de se développer, et qu'il n'y a pas lieu de s'étonner qu'elles en soient arrivées au point où nous les voyons.

GLAUCON. Il est certain que ces études ont un singulier attrait. Mais explique-moi ce que tu disais tout à l'heure. Tu plaçais d'abord la géométrie ou la science des surfaces.

SOCRATE. Oui.

GLAUCON. Immédiatement à la suite l'astronomie. Puis tu es revenu en arrière.

SOCRATE. C'est que, pour vouloir aller trop vite, j'ai fait moins de chemin. Après la géométrie (plane), je devais parler des solides. J'ai sauté par-dessus cette étude, parce qu'elle est dans un tel état qu'il serait ridicule de s'en occuper[2], et j'ai nommé l'astronomie, c'est-à-dire la science des solides en mouvement.

GLAUCON. Fort bien.

SOCRATE. Plaçons donc l'astronomie en quatrième lieu, réservant le troisième à cette science délaissée, qui sortira du crépuscule quand un État voudra l'en faire sortir.

GLAUCON. C'est vraisemblable. Mais tu m'as repris tout à l'heure, pour avoir fait gauchement l'éloge de l'astronomie. Je veux la louer maintenant selon ta manière. Il est, ce me semble, évident pour tout le monde que l'astronomie oblige l'âme à regarder en haut, et la porte des choses de ce bas monde vers les régions supérieures.

SOCRATE. Évident pour tout le monde peut-être,

mais non pour moi. Car je ne juge pas de même.

GLAUCON. Et comment donc juges-tu?

SOCRATE. A voir la manière dont la pratiquent ceux qui ouvrent la route à la philosophie[1], c'est tout en bas qu'elle fait regarder.

GLAUCON. Que veux-tu dire?

SOCRATE. O l'idée relevée que tu me parais te faire de ce qu'est véritablement la science des choses d'en haut! De la sorte si quelqu'un levant la tête vers les peintures variées qui décorent un plafond y démêlait quelque chose, tu irais dire qu'il regarde des yeux de l'âme et non de ceux du corps? Peut-être as-tu raison, et est-ce moi qui n'ai pas le sens commun. Mais je ne puis, encore une fois, reconnaître à nulle science la vertu de faire regarder l'âme en haut, si ce n'est à cette science qui a pour objet l'être et l'invisible[2]. Que si, les yeux levés et la bouche béante ou la tête basse et la bouche close, quelqu'un essaye d'apprendre quelque chose de sensible, je dis qu'il ne pourra rien apprendre, car il n'y a pas de science des choses sensibles[3]; et je prétends que son âme regarde non point en haut, mais en bas, quand il serait étendu sur le dos, sur la terre ou sur la mer.

XI

GLAUCON. C'est une leçon que j'attrape, elle est bien méritée et bien donnée. Mais de quelle façon différente de celle en usage faut-il, selon toi, qu'on apprenne l'astronomie, pour que cette étude devienne profitable dans le sens dont nous parlons?

SOCRATE. Voici la chose. La superbe décoration du

ciel doit être considérée comme la plus belle et la plus
admirable entre les beautés sensibles, mais pour cela
seul que c'est une beauté sensible, j'estime qu'elle est
fort au-dessous de cette magnificence véritable que
produisent la vraie vitesse et la vraie lenteur dans
leurs rapports mutuels et dans les mouvements des
astres qu'elles conduisent selon les lois du vrai nombre
et de toutes les vraies figures [1]. Or ces choses échappent
à la vue ; l'entendement et la raison seuls les peuvent
atteindre : ou peut-être es-tu d'une autre opinion?

GLAUCON. En aucune manière.

SOCRATE. La magnificence qui éclate dans le ciel
doit donc être pour nous comme une image qui nous
permette de saisir la beauté intelligible de ces rapports harmonieux, comme serait pour un géomètre
la rencontre de figures tracées et exécutées avec une
merveilleuse habileté par Dédale où par quelque autre
peintre ou artiste. A leur aspect, il jugerait que ce
sont d'admirables chefs-d'œuvre, mais il croirait ridicule de s'y arrêter longuement pour y chercher la vérité des rapports d'égalité, du simple au double, ou de
toute autre proportion.

GLAUCON. Et, en effet, ce serait ridicule.

SOCRATE. De même le véritable astronome ne sera-
t-il pas dans les mêmes sentiments en observant les
révolutions célestes [2]? Il pensera sans doute que le
ciel et tout ce qu'il renferme a reçu de l'architecte qui
l'a construit toute la perfection qu'il est possible de
mettre dans de semblables œuvres, mais pour ce qui
est de la mesure comparée du jour avec la nuit, et de
ceux-ci avec le mois, et du mois avec l'année, et des
révolutions des corps célestes comparées entre elles
ou avec celles de la terre et du soleil, ne penses-tu

pas qu'il sera bien fou s'il s'imagine que ces rapports soient toujours les mêmes et ne varient jamais, puisqu'il s'agit de corps et de choses visibles, et s'il travaille à trouver la vérité en ces matières ?

GLAUCON. D après ce que tu viens de dire, je le pense maintenant comme toi.

SOCRATE. Nous ferons donc en astronomie comme en géométrie. Nous nous servirons des données qu'elle fournit ; nous négligerons les phénomènes eux-mêmes dont le ciel est le théâtre, si nous voulons réellement tirer de l'astronomie de quoi rendre féconde, de stérile qu'elle était, la partie de notre âme naturellement capable de connaître.

GLAUCON. Que de complications de mille espèces tu ajoutes à l'étude déjà difficile aujourd'hui de l'astronomie !

SOCRATE. Je pense qu'il nous faut pour toutes les autres sciences donner des prescriptions semblables si nous voulons faire utile besogne de législateurs.

XII

Mais, toi, as-tu quelque science encore à rappeler qui convienne à notre dessein ?

GLAUCON. Aucune ainsi sur l'heure.

SOCRATE. Mais il n'y a pas, ce me semble, qu'une seule espèce de mouvement. Il y en a plusieurs. Un savant les pourrait peut-être énumérer toutes ; nous en distinguons clairement deux espèces.

GLAUCON. Lesquelles ?

SOCRATE. Outre celle dont nous avons parlé ¹, il y a celle qui lui correspond.

GLAUCON. Quelle est-elle?

SOCRATE. Il semble que comme les yeux ont été faits pour l'astronomie, ainsi les oreilles l'ont été pour les mouvements harmoniques, et ces deux sciences, l'astronomie et la musique, sont sœurs en quelque façon, comme disent les pythagoriciens et comme nous l'admettons après eux, Glaucon. N'est-il pas vrai?

GLAUCON. Oui.

SOCRATE. Aussi, comme la question est importante, nous suivrons sur ce point la tradition qu'ils ont laissée, et peut-être sur d'autres points encore, tout en restant fidèle à la règle que nous nous sommes faite.

GLAUCON. Quelle règle?

SOCRATE. D'interdire à nos élèves toute étude en ce genre qui resterait imparfaite et ne nous mènerait pas au but où tous nos exercices doivent aboutir. Ce que nous avons dit plus haut de l'astronomie, ne sais-tu pas qu'on peut dire quelque chose de fort semblable de la musique [1]? On borne cette science à la mesure des tons et des accords sensibles, travail aussi vain que celui des astronomes.

GLAUCON. Par les dieux en effet, ils sont fort plaisants nos musiciens avec leurs nuances diatoniques, l'oreille aux aguets comme pour surprendre ce qu'on dit chez le voisin, les uns prétendant qu'ils distinguent un ton moyen entre deux autres et que l'intervalle qui les sépare est infiniment petit; les autres contestant, assurant que ces deux prétendus tons n'en font qu'un; mais les uns et les autres préférant l'autorité de l'oreille à l'autorité de l'intelligence.

SOCRATE. Tu parles sans doute de ces virtuoses qui

fatiguent sans cesse les cordes, les font crier sans relâche et les mettent à la question avec leurs chevilles. Pour abréger, je ne veux rien dire de leurs coups d'archet, ni de leurs récriminations contre les cordes, parce qu'elles refusent certains sons ou les donnent inconsidérément. Je laisse ce tableau et je déclare que ce n'est pas de ces derniers que je veux parler, mais des autres [1] que nous nous sommes proposés tout à l'heure d'interroger sur l'harmonie. Ceux-ci cherchent les nombres d'où résultent les accords qui arrivent à l'oreille, mais ils ne savent pas monter de là jusqu'à la question de savoir quels nombres sont harmoniques et quels ne le sont pas, et pourquoi les uns et les autres sont tels.

GLAUCON. Tu signales là une merveilleuse étude.

SOCRATE. Oui, certes, utile à la recherche du beau et du bien, mais sans fruit, si on s'y applique dans une autre vue.

GLAUCON. Il y a apparence.

XIII

SOCRATE. Je pense en effet, que si l'étude de toutes les sciences dont nous venons de parler faisait connaître les rapports étroits et les liens de parenté qui les unissent entre elles, et les points par où elles se touchent, cette étude nous conduirait où nous voulons aller et ne serait pas infructueuse; sinon elle ne servirait de rien.

GLAUCON. J'en augure de même; mais, Socrate, tu parles là d'un immense travail.

SOCRATE. C'est prélude que tu veux dire, car que

serait-ce autre chose? Ne savons-nous pas que toutes ces études ne sont que les préludes de l'air qu'il nous faut apprendre? En effet ceux qui sont habiles dans ces sciences ne sont pas sans doute dialecticiens, à ton avis ?

GLAUCON. Non, par Jupiter, à l'exception d'un fort petit nombre que j'ai rencontrés.

SOCRATE. Mais peut-on dire que ceux qui ne sont pas capables de donner ou d'entendre la raison de chaque chose savent en effet rien de ce que nous avons dit qu'il fallait savoir?

GLAUCON. Non, ils ne savent rien.

SOCRATE. Voilà donc, ô Glaucon, cet air que nous cherchons. C'est la dialectique qui l'exécute, intuition toute spirituelle que peut représenter l'intuition visible. Celui-ci, comme nous l'avons dit, commence à s'essayer sur les animaux, passe de là aux astres et s'élève à la fin jusqu'au soleil lui-même. Semblablement, celui qui par la dialectique, sans le secours des sens et par l'effort de la seule raison, monte jusqu'à l'essence de chaque chose et ne s'arrête pas avant d'avoir saisi par la pensée pure l'essence pure du bien, celui-là est arrivé au sommet de l'ordre intelligible, comme celui qui voit le soleil, au sommet de l'ordre visible[1].

GLAUCON. Parfaitement.

SOCRATE. Eh bien, n'est-ce pas là ce que tu appelles l'ascension dialectique[2]?

GLAUCON. C'est cela.

SOCRATE. Tu te souviens de la caverne, du prisonnier dégagé de ses liens, laissant d'abord ses ombres pour se retourner vers les figures artificielles et la lueur du feu qui les éclaire, puis sortant de la caverne

et montant au vrai jour ; là, incapable de regarder les
plantes et les animaux et de soutenir l'éclat du soleil,
contemplant d'abord dans les eaux leurs images divines et les ombres des êtres réels au lieu des ombres
d'objets artificiels formées par une ombre de lumière,
si on la compare avec le soleil. C'est là précisément
dans l'ordre intelligible l'effet de l'étude des sciences
que nous avons parcourues. Elle élève la partie la
plus excellente de l'âme jusqu'au spectacle du plus
excellent de tous les êtres, comme tout à l'heure le
plus subtil des organes du corps s'élevait peu à peu
jusqu'à la contemplation du plus lumineux objet qui
soit dans ce monde matériel et visible.

GLAUCON. Je t'accorde tout cela, bien que ce soient
choses, à mon avis, qu'on a autant de peine à admettre
qu'à rejeter. Au reste, comme je n'ai point à me décider
sur-le-champ après t'avoir entendu une seule fois, mais
qu'il faudra revenir à plusieurs reprises sur ce sujet,
posons qu'il en est comme tu dis, venons à notre air,
et étudions-le avec autant de soin que nous avons étu-
dié le prélude. Dis-nous donc ce que c'est que la dialectique, et en quelles espèces elle se partage, et quels
sont les chemins par lesquels elle conduit l'esprit, car
il y a apparence qu'au terme où ils aboutissent le
voyageur trouve la fin de sa course et le repos.

SOCRATE. Tu ne serais point encore en état de me
suivre[1], mon cher Glaucon, car pour moi la bonne volonté ne me manquerait pas et je te ferais voir non
pas seulement l'image du bien dont nous parlons, mais
le bien lui-même, tel du moins qu'il m'apparaît. Car
qu'il m'apparaisse ou non comme il est en effet, on ne
peut l'affirmer, mais ce qu'on peut assurer, c'est qu'il
apparaît quelque chose de semblable[2]. N'est-il pas vrai ?

GLAUCON. Oui.

SOCRATE. Et aussi que la dialectique seule peut le découvrir à un esprit versé dans les études que nous avons parcourues; qu'autrement cela est impossible.

GLAUCON. Cela aussi, on peut l'affirmer.

SOCRATE. Personne du moins ne nous contredira si nous soutenons que la méthode dialectique est la seule qui tente d'atteindre par une voie régulière l'essence de chaque chose. Tous les autres arts, en effet, ne se rapportent qu'aux opinions et aux goûts des hommes, à la production et à la fabrication, ou au bon entretien des choses naturelles ou fabriquées. Pour ce qui est des autres arts qui, comme nous l'avons dit, ont quelque rapport à l'être, tels que la géométrie et les arts qui viennent à sa suite, nous voyons que la connaissance qu'ils nous en donnent n'est que l'illusion d'un rêve non une vue claire de la réalité, tant qu'ils demeurent renfermés dans de stériles données dont ils ne peuvent rendre raison. Or, quand un principe est inconnu en soi, et que la conclusion et les intermédiaires sont tirés d'un pareil principe, le moyen qu'un pareil tissu puisse faire une science?

GLAUCON. Cela ne se peut.

XIV

SOCRATE. Seule donc la méthode dialectique procède de cette manière. Elle prend les hypothèses pour y élever et y appuyer le principe lui-même et le rendre ferme[1]; elle tire l'œil de l'âme du grossier bourbier où il est plongé et le porte en haut, usant à cet effet du secours et du ministère de ces arts dont nous avons parlé. Ces arts, à plusieurs reprises, nous les avons appelés du nom de sciences, à cause de l'usage, mais c'est un autre nom qu'il leur faudrait, un nom intermédiaire entre l'obscure opinion et la science lumineuse. Ailleurs nous les avons rapportés à la connaissance raisonnée [1]. Mais il n'y a pas lieu de disputer sur des dénominations quand il s'agit, au fond, de choses aussi importantes que celles que nous traitons.

GLAUCON. Assurément. Il suffit pour la clarté qu'on s'entende bien avec soi-même [2].

SOCRATE. Ainsi il nous paraît à propos, comme auparavant, d'appeler science la première et la plus parfaite des formes de la connaissance, connaissance raisonnée la seconde, foi la troisième et conjecture la quatrième, et de rapporter les deux dernières à l'opinion, les deux premières à l'intelligence, de marquer comme objet de l'opinion les choses qui naissent, comme objet de l'intelligence celles qui sont, et d'établir le même rapport entre ce qui est et ce qui naît qu'entre l'intelligence et l'opinion, entre la science et la foi, qu'entre la connaissance raisonnée et la conjecture. Mais laissons là, Glaucon, ces rapports et cette double opposition de l'ordre intelligible et de l'ordre de l'opinion pour ne pas nous engager dans des détails plus longs encore que ceux que nous avons parcourus [3].

GLAUCON. J'entre dans toutes les idées que tu viens d'exposer, autant que je puis te suivre.

SOCRATE. N'appelles-tu pas dialecticien celui qui sait rendre raison de l'essence de chaque chose, et ne dis-tu pas qu'il n'a pas l'intelligence d'une chose celui qui n'est capable d'en rendre raison ni à lui-même ni aux autres?

GLAUCON. Comment pourrais-je dire qu'il l'a?

SOCRATE. Il en est donc de même du bien. Celui qui n'est pas en état de définir l'idée du bien, en la séparant par la pensée de toutes les autres, et, comme le soldat dans la mêlée, ne peut percer tous les obstacles qui l'arrêtent, ardent à emporter non l'opinion, mais la réalité même, et qui ne peut s'y établir solidement par la force d'une raison inébranlable, celui-là, ne diras-tu pas de lui qu'il ne connaît ni le bien en soi, ni aucun autre bien; que s'il peut toucher quelque fantôme de bien, il y arrive par l'opinion non par la science; que sa vie ici-bas est le rêve d'un homme endormi, et qu'il ne se réveillera pas avant de descendre aux enfers et d'y dormir d'un sommeil parfait?

GLAUCON. Oui, par Jupiter, je dirai tout cela.

SOCRATE. Mais si un jour, ces mêmes enfants que tu élèves et que tu dresses en idée, tu venais à les former réellement et en fait, tu ne les laisserais pas, j'imagine, disposer en maîtres des grands intérêts de la cité, si leurs pensées étaient comme ces lignes géométriques qu'on appelle irrationnelles¹?

GLAUCON. Non, sans doute.

SOCRATE. Tu leur feras donc une loi de s'appliquer particulièrement à cette étude qui doit les mettre en état d'interroger et de répondre de la manière la plus savante possible?

GLAUCON. Oui, nous ferons ensemble cette loi.

SOCRATE. Tu admets donc que la dialectique est pour nous comme le faîte qui surmonte toutes les sciences, qu'il n'en est aucune qu'on puisse mettre à bon droit au-dessus d'elle, qu'avec elle, nous sommes au bout des sciences qu'il faut étudier?

GLAUCON. D'accord.

XV

SOCRATE. Il te reste maintenant à décider quels sont ceux que nous convierons à ces sciences et de quelle manière nous les leur enseignerons.

GLAUCON. En effet.

SOCRATE. Te rappelles-tu, quand il s'est agi de choisir des chefs pour notre État, quels hommes nous avons pris?

GLAUCON. Comment l'aurais-je oublié?

SOCRATE. Pour tout le reste, garde la pensée qu'il faut choisir comme nous avons fait. A tous il faut préférer les plus fermes, les plus courageux, et autant que possible les plus beaux. De plus, outre la noblesse et la générosité des sentiments, il faut chercher ces qualités de nature qui puissent les disposer à la culture que nous voulons leur donner.

GLAUCON. Détaille-les-moi.

SOCRATE. Il leur faut, excellent ami, la pénétration nécessaire aux recherches scientifiques et la facilité à apprendre. Les âmes en effet reculent bien plus devant les fortes études que devant les plus rudes exercices gymnastiques. C'est que là la peine est pour elles seules, que seules elles y doivent suffire, sans que le corps en prenne sa part.

GLAUCON. Cela est vrai.

SOCRATE. Il faut encore de la mémoire, de la concentration d'esprit [1] et un goût vif pour le travail sous toutes ses formes; autrement crois-tu qu'on pût trouver personne qui se soumît volontiers à nos exercices corporels et à de pareilles études et travaux d'esprit?

GLAUCON. Personne en effet, à moins de tomber sur des natures exceptionnellement douées.

SOCRATE. Le tort qu'on a aujourd'hui, et qui fait tomber la philosophie dans le discrédit, c'est, comme nous l'avons dit déjà, qu'on l'étudie sans faire de sa dignité le cas qu'il faut qu'on fasse[1]. Elle n'est point faite pour les génies bâtards, mais pour les génies vrais et de pure race.

GLAUCON. Que veux-tu dire?

SOCRATE. D'abord celui qui veut l'étudier ne doit point avoir l'âme boiteuse dans l'amour du travail, de façon à être partagé entre la passion de l'étude et le goût de la paresse. Or c'est ce qu'on voit lorsqu'un jeune homme plein d'ardeur au gymnase, à la chasse, à tous les exercices du corps, mais froid pour l'étude, ne se plaît ni aux leçons ni aux recherches d'esprit, mais éprouve de l'aversion pour ces occupations. Il a l'âme également boiteuse, celui qui penche du côté opposé.

GLAUCON. Rien n'est plus vrai.

SOCRATE. Ne disons-nous pas aussi qu'ils ont l'âme estropiée par rapport à la vérité ceux qui, haïssant le mensonge volontaire, y répugnant pour leur compte et s'en indignant hautement chez les autres, s'accommodent pourtant aisément du mensonge involontaire, et, pris en flagrant délit d'ignorance, ne s'irritent pas contre eux-mêmes, mais s'endorment volontiers dans l'ignorance, comme le pourceau dans la fange?

GLAUCON. Parfaitement.

SOCRATE. Pour ce qui est de la tempérance, du courage, de la grandeur d'âme et des autres parties de la vertu, il ne faut pas mettre moins de soin à distinguer les natures de pure race de celles qui ne le sont point.

C'est faute de cet utile discernement que, sans y prendre garde et au hasard, les particuliers et les États confient à des âmes boiteuses et de mauvais aloi le soin de leurs intérêts, ceux-ci à des magistrats, ceux-là à des amis.

GLAUCON. Cela se voit souvent en effet.

SOCRATE. Nous veillerons donc sur tout cela avec la plus grande attention, de façon à n'admettre à de si belles études et à de si importants exercices, pour la culture de leurs âmes, que des jeunes gens à qui rien ne manque ni du côté du corps ni du côté de l'esprit. Ainsi la justice elle-même n'aura nul reproche à nous faire, et nous établirons sur une bonne assiette notre cité et notre gouvernement. Mais si nous y admettons des sujets indignes, c'est le contraire qui arrivera, et nous jetterons plus de ridicule encore sur la philosophie.

GLAUCON. Ce serait une honte pour nous.

SOCRATE. Mais il me semble que c'est sur moi que je jette à présent du ridicule.

GLAUCON. En quoi donc, s'il te plaît.

SOCRATE. J'ai oublié que tout ceci n'était qu'un jeu et j'ai parlé avec plus de vivacité qu'il ne fallait. C'est qu'au cours de l'entretien, ayant rencontré la philosophie, et la voyant indignement traitée, ému d'indignation et comme hors de moi, je me suis laissé aller à parler avec un excès de chaleur contre ceux qui l'outragent.

GLAUCON. Mais non, par Jupiter, du moins à mon goût.

SOCRATE. Soit, mais au mien. Quoi qu'il en soit, n'oublions pas que précédemment nous avions choisi des vieillards. Ici, rien ne conviendrait moins. N'en croyons pas Solon, quand il dit, que « l'homme en veillissant peut beaucoup apprendre[1] ». Il serait encore plutôt capable de courir. Les grands et multiples travaux sont l'affaire des jeunes.

GLAUCON. Nécessairement.

XVI

SOCRATE. C'est donc dès l'enfance[2] qu'il faut enseigner à nos élèves ces notions d'arithmétique, de géométrie et toutes les autres qui doivent servir de préparation à la dialectique. Mais le système d'enseignement doit être tel, que nul ne soit contraint à apprendre.

GLAUCON. Pourquoi cela?

SOCRATE. Parce qu'il ne convient pas que l'homme libre apprenne rien comme un esclave. Les exercices du corps, encore qu'ils soient forcés, n'ont nul mauvais effet sur le corps, mais l'âme ne garde aucun des enseignements qu'elle a subis par force.

GLAUCON. Il est vrai.

SOCRATE. N'use donc pas de violence, mon cher ami, dans les études de ces enfants : qu'ils apprennent plutôt en jouant. De la sorte tu pourras mieux démêler leurs aptitudes particulières.

GLAUCON. Ce que tu dis est plein de raison.

SOCRATE. Te souviens-tu que nous avons dit qu'il fallait mener sur des chevaux les enfants à la guerre pour leur en donner le spectacle[3], et même, si l'on pouvait le faire, en sécurité, les approcher de la mêlée et les faire, pour ainsi parler, goûter au sang, comme de jeunes chiens de chasse?

GLAUCON. Je m'en souviens bien.

SOCRATE. Ceux qui se seront montrés constamment habiles et résolus dans tous ces travaux, dans toutes ces études et dans tous ces dangers, tu les mettras hors de pair et en formeras une classe à part.

GLAUCON. A quel âge?

SOCRATE. Lorsqu'ils auront terminé le cours obligatoire des exercices gymnastiques. Pendant ce temps en effet, qui sera de deux ou trois ans, ils ne pourront faire autre chose: car la fatigue physique et le sommeil sont ennemis des travaux d'esprit. Et de plus cette seule épreuve du gymnase, où chacun pourra montrer ce qu'il peut, ne sera pas la moindre.

GLAUCON. Non, vraiment.

SOCRATE. Après ce temps, ceux qui auront été choisis parmi nos jeunes gens arrivés alors à leur vingtième année obtiendront des distinctions plus hautes que leurs camarades, et ces sciences, qu'ils auront parcourues sans ordre et au hasard [1] dans le cours de leurs études, on leur en présentera la synthèse, pour leur faire saisir les liens qui les unissent les unes avec les autres et avec la nature même de l'être.

GLAUCON. C'est là, en effet, la seule connaissance qui demeure fermement dans les esprits qui en ont été pénétrés [2].

SOCRATE. C'est aussi une sûre manière de distinguer les esprits propres à la dialectique de ceux qui ne le sont pas. Celui qui est apte à comprendre les généralités est dialecticien, celui qui n'y est pas apte ne l'est pas.

GLAUCON. D'accord.

SOCRATE. Après cela, quand tu auras bien démêlé les esprits qui ont de telles dispositions, qui se mon-

trent fermes dans les sciences, à la guerre et dans
nos autres exercices, lorsqu'ils auront dépassé l'âge
de trente ans, tu feras un nouveau choix dans
l'élite, et les nouveaux élus, tu les élèveras à de
plus grands honneurs, et par l'épreuve de la dialectique, tu distingueras ceux qui, sans faire appel à
leurs yeux et à leurs autres sens, seront capables de
s'élever jusqu'à la vérité de l'être en soi[1]. C'est ici,
mon cher ami, qu'il faut user de la plus attentive
surveillance.

GLAUCON. Et pourquoi?

SOCRATE. Ne remarques-tu pas combien la dialectique de nos jours est malade?

GLAUCON. De quel mal?

SOCRATE. Elle est pleine de déréglement.

GLAUCON. Tu as raison.

SOCRATE. Ne penses-tu pas qu'il n'y a pas lieu de
s'étonner de ce déréglement et n'excuses-tu pas ceux
qui s'y laissent aller?

GLAUCON. Pour quelle raison les excuser?

SOCRATE. Ils ressemblent à un enfant supposé qui,
élevé au milieu de flatteurs, dans l'opulence d'une noble et puissante famille, s'apercevrait, devenu grand,
qu'il n'est pas le fils de ceux qui se disent les auteurs de
ses jours, sans pouvoir retrouver ses vrais parents.
Peux-tu te figurer les sentiments dont il serait animé
à l'égard de ses flatteurs et de ses parents prétendus,
avant de soupçonner rien, et après qu'il aurait découvert sa situation; ou veux-tu entendre ce que j'augure là-dessus?

GLAUCON. Je le veux bien.

XVII

SOCRATE. Je m'imagine qu'il aurait d'abord pour ses père et mère et pour ceux qu'il croit ses parents plus de respect que pour ses flatteurs, qu'il montrerait plus d'empressement à leur venir en aide, s'il les voyait dans le besoin, qu'il se ferait plus de scrupules de leur manquer par actions ou par paroles, et que dans les choses importantes il leur obéirait plutôt qu'à ses flatteurs, tout le temps qu'il ignorerait sa vraie situation.

GLAUCON. Cela est vraisemblable.

SOCRATE. Mais quand il saurait ce qui en est, je m'imagine qu'il aurait moins de zèle et de respect pour ses prétendus parents et plus pour ses flatteurs, qu'il se laisserait conduire par ceux-ci plus facilement qu'auparavant, qu'il arrangerait sa vie selon leur devise, ne se gênerait plus pour pratiquer leur société, et, à moins d'une rare candeur naturelle, n'aurait plus aucun souci de son père et de ses parents supposés.

GLAUCON. Tu expliques bien tout ce qui arriverait; mais quel rapport entre ce tableau et l'étude de la dialectique?

SOCRATE. Le voici. Nous avons, dès nos premières années, sur le juste et l'honnête des idées sous l'empire desquelles nous avons grandi, comme sous une tutelle paternelle, et auxquelles nous accordons respect et obéissance.

GLAUCON. Il est vrai.

SOCRATE. Il y a aussi des principes opposés à ceux-là,

principes pleins de séductions, qui circonviennent l'âme
comme des flatteurs et l'attirent de leur côté, mais sans
pouvoir persuader ceux qui ont quelque fonds de sagesse, ni pouvoir les détourner du respect et de l'obéissance dus aux principes vraiment paternels.

GLAUCON. Oui.

SOCRATE. Mais, voyons. Si devant une âme dans ces
dispositions, un questionneur subtil¹ vient poser cette
question : Qu'est-ce que l'honnête? et que l'âme ré-
ponde selon ce qu'elle a appris du législateur, et que
le questionneur la réfute et, l'embarrassant dans un
réseau de sophismes, la pousse à la fin à cette conclusion que rien n'est plutôt honnête que malhonnête, et
qu'il agisse de même au sujet de la justice et du bien
et des autres principes qu'elle révérait le plus, qu'ar-
rivera-t-il alors? Que deviendront, dis-moi, ses sentiments de respect et de déférence pour tous ces principes?

GLAUCON. Nécessairement, ils ne seront plus du tout
les mêmes qu'auparavant.

SOCRATE. Ayant donc perdu ce respect et cette piété
filiale qu'elle leur avait voués, sans cependant trouver
de principes plus vrais, que fera-t-elle, si ce n'est de
se laisser aller au régime de vie qui la flatte?

GLAUCON. Elle ne fera pas autre chose.

SOCRATE. Elle paraîtra donc être tombée du respect
de la loi dans le dérèglement?

GLAUCON. Nécessairement.

SOCRATE. Rien donc que de naturel dans ce qui arrive à ceux qui pratiquent la dialectique, et, comme je
le disais tout à l'heure, on ne peut leur refuser le
pardon.

GLAUCON. Ni la pitié non plus.

SOCRATE. Or, pour qu'on n'ait point à user de cette
pitié pour nos hommes de trente ans¹, il faut ne les
appliquer à la dialectique qu'avec toute sorte de précautions.

GLAUCON. Oui, certainement.

SOCRATE. N'est-ce pas une première précaution excellente que de ne point les laisser trop jeunes toucher
à la dialectique? Tu n'ignores pas, en effet, que les petits jeunes gens, quand ils ont goûté du raisonnement,
en font un jeu, s'en servent pour prendre le contrepied
de ce qu'on dit, et, séduits par l'exemple des réfutateurs à outrance, s'animent à réfuter les autres, et
s'escriment, comme de jeunes chiens, à tirailler et à
mordiller par le raisonnement tous ceux qui les ap-
prochent.

GLAUCON. C'est absolument cela.

SOCRATE. Après avoir réfuté ceux-ci, été réfutés par
ceux-là, ils en viennent à la fin à ne plus rien croire de
ce qu'ils croyaient auparavant, et par là tombent eux-
mêmes et font tomber la philosophie en général dans
un décri universel.

GLAUCON. Rien de plus vrai.

SOCRATE. Mais un homme d'âge plus mûr ne voudra pas donner dans pareille manie. Il prendra exemple sur celui qui raisonne et examine en vue de la vérité plutôt que sur ces amateurs qui se font un jeu
d'ergoter et de contredire. Il y gagnera en bonne réputation et relèvera la profession de philosophe du
mauvais renom dont elle est entachée.

GLAUCON. Tu as raison.

SOCRATE. C'est dans une pensée de précaution analogue que nous avons indiqué les précédentes mesures,
c'est-à-dire de n'admettre à l'étude de la dialectique

que des esprits naturellement sérieux et pondérés, et non, comme on fait aujourd'hui, les premiers venus et qui n'ont pour cela aucune disposition.

GLAUCON. C'est très-vrai.

XVIII

SOCRATE. Sera-ce assez d'accorder à la dialectique assidûment pratiquée et à l'exclusion de toute autre étude, et faisant un juste équilibre aux exercices gymnastiques, le double du temps qu'on aura donné à ces derniers?

GLAUCON. Combien d'années entends-tu, quatre ou six?

SOCRATE. Environ; mets-en cinq. Après cela, il faudra les ramener dans notre caverne et les obliger de présider aux affaires militaires et de remplir les fonctions pour lesquelles les jeunes hommes sont faits, afin que, pour l'expérience même, ils ne le cèdent point aux autres. Cette vie sera une nouvelle épreuve. On distinguera ceux qui, bien que tirés de divers côtés, demeureront fermes et ceux qui fléchiront.

GLAUCON. Combien d'années donnes-tu à cette vie?

SOCRATE. Quinze. Alors parmi ces hommes arrivés à l'âge de cinquante ans, ceux qui seront sortis à leur honneur de toutes ces épreuves, qui auront montré qu'ils excellaient à la fois dans la pratique des affaires ' et dans la pratique des sciences devront être conduits au terme, obligés de diriger en haut l'œil de leur âme et de contempler l'être qui éclaire toutes choses. A la lumière et sur le modèle du bien en soi, ils régleront ce qui leur reste de vie et gouverneront à tour de rôle l'État et les particuliers. Le plus sou-

vent on les laissera vaquer librement à la philosophie,
mais quand leur tour viendra, ils prendront le fardeau
des affaires et administreront la cité dans l'intérêt de
tous, acceptant l'exercice de l'autorité comme un devoir, non comme un objet d'ambition. Puis, après avoir
formé des hommes qui leur ressemblent et leur avoir
laissé la garde de l'État, ils s'en iront habiter les îles
fortunées. On leur dressera des monuments, on leur
fera aux frais de l'État des sacrifices, si la Pythie con-
sultée l'autorise, comme à de bons génies ou tout
au moins comme à des âmes bienheureuses et divines.

GLAUCON. Quels admirables hommes d'État, Socrate, tu viens de nous tailler, comme d'un ciseau de
statuaire !

SOCRATE. Dis aussi femmes d'État, Glaucon. Car
tout ce que j'ai dit ne s'applique pas plus aux hommes
qu'aux femmes, à toutes celles du moins qui auraient
les dispositions convenables.

GLAUCON. Avec raison, s'il est vrai, comme nous
l'avons exposé, que toutes les qualités des hommes
leur appartiennent aussi.

SOCRATE. Eh bien, nous accordez-vous, maintenant
que notre plan d'État et de gouvernement n'est pas
un vœu en l'air, qu'il est peut-être difficile à mettre
en pratique, mais que cela se peut cependant, et seulement aux conditions que nous avons marquées,
c'est-à-dire si un ou plusieurs vrais philosophes re-
vêtus de l'autorité, mais la dédaignant comme chose
vile et sans prix, estimant par-dessus tout la vertu et
les honneurs qui en sont la suite, regardant la justice
comme la chose la plus importante et la plus nécessaire, s'appliquant à son service et à son accroissement,
se dévouaient à bien régler leur cité²?

GLAUCON. Et comment s'y prendront-ils?

SOCRATE. Ils commenceront par envoyer à la campagne tous ceux qui auront dépassé dix ans, et ayant séparé les enfants de ceux-ci du contact des mœurs du jour, qui sont aussi les mœurs de leurs parents, ils les élèveront dans leurs propres mœurs et selon leurs propres principes, qui sont ceux mêmes que nous avons exposés. De la sorte, s'établiront vite et sans peine cette cité et ce gouvernement dont nous avons tracé le plan, cité et gouvernement heureux sans doute par eux-mêmes et qui seront une semence de bonheur pour le peuple au milieu duquel ils seront constitués.

GLAUCON. Je n'en doute pas. Et si jamais pareille cité est possible, tu me parais, Socrate, avoir bien expliqué de quelle manière elle pourrait s'établir.

—SOCRATE. En voilà assez, ce me semble et sur cette cité et sur l'homme qui lui ressemble. Car on voit assez quel doit être cet homme, selon nos principes.

GLAUCON. On le voit clairement, en effet, et la question mise sur le tapis est à bout.

FIN DE LA TRADUCTION.

NOTES

SUR LA RÉPUBLIQUE.

Page 1 : 1. Le texte porte les mots : παιδείας τε πέρι καὶ ἀπαιδευσίας. La traduction littérale serait plutôt. relativement à l'instruction et à l'inculture. Platon, en effet, veut montrer la condition d'un esprit qui s'instruit, s'éclaire, monte peu à peu et progressivement à la vérité, opposée à l'état de celui qui demeure dans l'épaisse obscurité, et que la dialectique n'a pas élevé à la lumière et à la vérité.

Page 2 : 1. Οἴει ἂν ἄλλο τι αὐτοὺς ἡγεῖσθαι τὸ φθεγγόμενον ἢ τὴν παριοῦσαν σκίαν; c'est-à-dire qu'ils s'imagineraient que ce sont les ombres mêmes qui parlent et qu'ils entendent.

— 2. Εἰ φύσει τοιάδε ξυμβαίνοι, si cela arrivait naturellement, c'est-à-dire si cela pouvait arriver. Schleiermacher a écrit : οἵα τις ἂν εἴη φύσει, et sur la foi d'un manuscrit. C'est cette leçon qu'a suivie M. Cousin dans sa traduction : « Vois ce qui résulterait *naturellement* de.... » Celle que nous adoptons paraît mieux autorisée.

Page 3 : 1. Φλυαρίας, inania, vanas species, nugas.

— 2. La lumière du feu, dont il a été parlé plus haut.

— 3. Τῷ ὄντι σαφέστερα; « réellement plus visibles.» (Trad. Cousin.)

— 4. De là, ἐντεῦθεν, c'est-à-dire de la caverne où le prisonnier est encore, dégagé, il est vrai, de ses liens et libre d'aller et de venir, mais ébloui par la vue du feu artificiel, et porté à s'enfoncer dans ses ténèbres, vers ces ombres de tous les jours qu'il est habitué à voir et qui ne blessent point ses yeux.

Page 3 : 5. Objets véritables, selon le langage vulgaire, c'est-à-dire les arbres, les plantes, les animaux et tous les autres objets de cette sorte.

Page 5 : 1. Βουλοίμην κ' ἐπάρουρος ἐὼν θητευέμεν ἄλλῳ
Ἀνδρὶ παρ' ἀκλήρῳ ᾧ μὴ βίοτος πολὺς εἴη
Ἢ πᾶσιν νεκύεσσι καταφθιμένοισιν ἀνάσσειν.
Odyss. XI, 488.

Ces paroles sont mises dans la bouche d'Achille. C'est l'expression d'un naïf regret de la vie. Platon, est-il besoin de le faire remarquer, applique ce passage à une toute autre idée.

Page 6 : 1. Le soleil : φῶς καὶ τὸν τούτου κύριον. Littéralement : la lumière et le seigneur de la lumière.

Page 7 : 1. Calliclès, dans le *Gorgias*, accuse Socrate d'être étranger à la vie positive et à ses affaires essentielles : « Si quelqu'un mettait actuellement la main sur toi, ou sur un de ceux qui te ressemblent, et te conduisait en prison, disant que tu lui as fait tort, quoiqu'il n'en soit rien, tu sais que tu serais fort embarrassé de ta personne, que la tête te tournerait, et que tu ouvrirais la bouche toute grande sans savoir que dire.... » (*Gorgias*, trad. Cousin, tome III, p. 299 et suiv.)

Page 8 : 1. Si l'œil était immobile dans son orbite et n'était pas doué d'un mouvement propre, il faudrait que dans la vision des choses diverses, de ce qui est en haut et de ce qui est en bas, le corps entier tournât avec lui. Or l'intelligence ne se meut pas seule en nous, l'organe du divin ne s'isole pas de lui-même, et, sans effort, sans transition, sans degrés, n'atteint pas son objet, qui est l'être.

— 2. On connaît dans Platon l'opposition de ce qui *naît*, *devient*, *apparaît*, et de ce qui est véritablement τὸ ὂν ὄντως.

— 3. Cicéron a traduit cette phrase de Platon au II° livre de ses *Tusculanes*, ch. XXIII : « Sunt enim quædam animi similitudines cum corpore. »

Page 9 : 1. Ἀπαιδεύτους καὶ ἀληθείας ἀπείρους.

Page 11 : 1. C'est-à-dire d'allier ensemble ces deux choses

d'ordinaire incompatibles, le culte de la vérité, l'étude de la
sagesse et le maniement des affaires, les devoirs de la vie
active et les plaisirs solitaires de la contemplation et de
l'étude.

Page 12 : 1. Ἐν τῷ ϰαθαρῷ. On lit dans la soixante-cinquième
lettre de Sénèque à *Lucilius* un passage d'une inspiration
analogue : « Quemadmodum artifices ex alicujus rei subti-
lioris intentione, quæ oculos defatigat, si malignum et pre-
carium lumen habent, in publicum prodeunt, et in aliqua
regione ad populi otium dedicata oculos libera luce delec-
tant; sic animus in hoc tristi et obscuro domicilio clusus,
quoties potest, apertum petit, et in rerum naturæ contem-
platione requiescit. »

— 2. Cette observation est profonde et a reçu de fré-
quentes confirmations de l'histoire. On ne peut s'empêcher
de remarquer combien sont modernes et d'application présente nombre d'antiques pensées. C'est le signe de la vérité
éternelle.

— Page 13 : 1. Platon renouvelle ici une allusion, qu'on
trouve déjà dans le *Phèdre*, à un jeu appelé ὀστραϰίν-
δα. C'était une sorte de jeu de pile ou face et de barres
mêlés. Une écaille était jetée en l'air, et selon qu'elle re-
tombait sur la face blanche ou noire, dont l'une représentait le jour et l'autre la nuit, des enfants, partagés en deux
camps, se poursuivaient de l'orient à l'occident ou de l'occident à l'orient, de telle sorte que tour à tour les mêmes poursuivaient ou fuyaient. Selon le scholiaste, l'ὀστράϰου περι-
στροφή s'appliquait aussi en façon de proverbe à ce qui se
fait vite et aisément.

Page 14 : 1. A savoir de porter l'esprit vers ce qui est,
vers la vérité.

— 2. On sait que les soldats forment dans la République
de Platon une classe distincte, intermédiaire entre les magistrats ou gardiens de l'État, et subordonnée à eux, et les
artisans qu'ils sont destinés à maintenir dans l'ordre. Ces
trois classes, du reste, ne sont pas des classes fermées ou
des castes, mais des classes ouvertes. C'est la richesse de la
nature et, comme dit Platon, le métal qui entre dans la
composition de l'âme, qui assigne à chacun son rang.

Page 16 : 1. Platon fait-il allusion ici à quelque passage d'une tragédie qui n'est pas venue jusqu'à nous, ou au personnage de Palamède en général et à l'emploi qu'en faisaient les tragiques, et au langage qu'ils lui prêtaient ? On ne saurait le décider précisément.

Ailleurs, dans la seconde *Lettre* attribuée à Platon, on lit (édit. Didot, t. II, p. 618) que les poëtes se plaisaient à opposer la sagesse et la puissance sous les noms de Tirésias et de Créon, de Ninos et de Polyidos, de Nestor et d'Agamemnon, de Palamède et d'Ulysse. Il suivrait de ce double passage, que ce type de Palamède avait quelque chose d'incertain et de flottant, puisque d'un côté il représentait le savoir et de l'autre, par opposition à Ulysse, la puissance séparée de la sagesse.

Page 17 : 1. Le texte porte ὅτι σμικρότατος καὶ ὁ δεύτερος καὶ ὁ μέσος. Nous traduisons σμικρότατος par le pouce, entendant qu'il est le plus petit, non absolument, mais des trois doigts. Il faut se figurer Socrate figurant en quelque sorte sa démonstration. Voilà trois doigts, dit-il — c'est-à-dire qu'il élève la main en l'air en fermant deux doigts. Dans ce mouvement familier dans tous les temps, les deux doigts repliés sont évidemment l'annulaire et le petit doigt. Ceci du reste n'est que de fort médiocre importance.

Page 18 : 1. La grandeur, par exemple, lui semblera une et distincte de la petitesse. Ce sera la grandeur en soi, la grandeur pure, c'est-à-dire l'*idée* de la grandeur.

Page 19 : 1. Alors il faudrait dire que la grandeur et la petitesse ne font qu'une seule chose.

Page 20 : 1. L'essence, en effet, seul objet de la science, exclut la multiplicité et l'indétermination résultant du mélange des contraires, et inséparable de toute perception sensible.

— 2. Elles acheminent l'âme à la vérité, mais ne la mettent pas en possession de la vérité, elles ne sont pas pour Platon l'objet propre de la νόησις, mais de la διάνοια qui est un degré intermédiaire.

Page 21 : 1. « Les sciences sont nécessaires.... au philosophe afin de sortir de ce qui naît pour mourir, et de s'élever jusqu'à l'être par excellence ; car il n'y aurait jamais sans cela de vrai arithméticien. » (Trad. Cousin.) Schneider, dans la *Bibliothèque grecque* de M. A. Firmin Didot, traduit : « disciplina cognitu necessaria.... philosopho autem quod e fluctibus generationis emergenti essentiam attingere, aut nunquam computandi peritum fieri necesse est. » Le texte porte : ἀναγκαῖον μαθεῖν ταῦτα, φιλοσόφῳ δὲ διὰ τὸ τῆς οὐσίας ἁπτέον εἶναι γενέσεως ἐξαναδύντι, ἢ μηδέποτε λογιστικῷ γενέσθαι. Nous avons adopté l'interprétation plus précise de Schneider.

Page 22 : 1. L'unité mathématique.

— 2. Μελετῶντι, « à pratiquer, » (Trad. Cousin.)

Page 24 : 1. Le texte porte ἀναγκαίως. Il ne s'agit pas croyons-nous, ici, de nécessité rationnelle et géométrique. Platon veut dire que les géomètres ne peuvent tenir un autre langage que celui qu'ils tiennent, mais qu'ils portent à croire qu'ils opèrent réellement, tandis que c'est idéalement, sur des grandeurs abstraites : par là ils sacrifient en apparence la géométrie à des applications matérielles. Platon n'estime cette science que comme habituant l'esprit à concevoir l'idéal. Un peu plus bas, Platon revient sur cette critique qu'on abaisse la géométrie à des choses inférieures.

— 2. Descartes, dans son *Discours de la Méthode*, dit aussi qu'il goûtait fort les mathématiques, à cause de la certitude de leurs raisons, mais il s'étonne que sur des fondements si solides on n'eût rien bâti de plus relevé.

— 3. Nous entendons ce dernier membre de phrase de la géométrie et non de l'esprit philosophique, comme M. Cousin dans sa traduction. C'est le sens que Grou paraît avoir adopté, et il nous paraît que c'est le vrai. Selon Platon, la géométrie prépare l'âme à la contemplation de l'être immuable et éternel par la considération de l'intelligible abstrait, qui est son objet. Platon répète ici contre les géomètres la critique présentée plus haut, à savoir qu'ils ravalent cette science sublime à de vils et indignes usages, tandis qu'elle a pour effet d'habituer l'esprit à se dégager des choses sensibles, et à voir que la vérité réside dans l'universel et le nécessaire.

Page 25 : 1. Le scholiaste grec de Platon commente le mot ἡδύς par εὐήθης et ajoute : on appelait souvent de ce nom les gens qui n'ont pas la tête saine, τοὺς ὑπομώρους.

— 2. Τοὺς πολλούς équivaut à notre *on*, la multitude, *imperitum vulgus*.

Page 26 : 1. Ce passage confirme encore ce que nous avons dit plus haut de la critique que Platon adresse aux géomètres, de circonscrire leur science dans ses applications pratiques.

— 2. Là géométrie plane, l'étude des surfaces, et la géométrie à trois dimensions ou étude des solides.

— 3. L'expression de polyèdre serait plus juste ici. Platon prend le cube comme le type du solide.

— 4. Ταῦτα δοκεῖ οὔπω εὑρῆσθαι. « Il me semble que cette science n'est pas encore découverte. » (Trad. Cousin.) — Nous ne prenons pas le mot εὑρῆσθαι dans toute sa rigueur. Le témoignage de Platon dans les phrases suivantes prouve en effet qu'on s'occupait déjà de la géométrie à trois dimensions, mais elle avait fait peu de progrès. Platon s'en plaint et en donne la raison.

Page 27 : 1. Ὑπὸ τῶν πολλῶν ἀτιμαζόμενα καὶ κολουόμενα ὑπὸ δὲ τῶν ζητούντων λόγον οὐκ ἐχόντων καθ' ὅτι χρήσιμα. Il semble d'abord que les mots ἀτιμαζόμενα et κολουόμενα tombent à la fois, et sur le public (οἱ πολλοί) et sur les savants (οἱ ζητοῦντες). Mais en quoi les savants manquent-ils d'honorer et de pousser en avant les recherches qui sont l'objet de leurs études ? On répond : en ce qu'ils ne savent pas bien leur véritable usage. — C'est méconnaître la vérité (ἀτιμάζειν) et jusqu'à un certain point l'entraver (κωλύειν) que de ne pas comprendre sa vertu, sa portée et sa puissance véritables. A y regarder de plus près, il semble plutôt que les mots ἀτιμαζόμενα et κολουόμενα tombent seulement sur ὑπὸ τῶν πόλλων, et que ὑπὸ τῶν ζητούντων ait pour antécédent αὐξάνεται. Le scholiaste grec interprète κολουόμενα par ἐλαττούμενα, juges subalternes.

— 2. Ὅτι τῇ ζητήσει γελοίως ἔχει. Ceci confirme la manière dont nous avons traduit plus haut : que la géométrie des solides n'est pas une science faite. Le scholiaste grec commente le mot γελοίως par ces mots : διὰ τὴν ζητούντων ὀλιγωρίαν, à cause du peu de cas qu'en font les savants mêmes qui s'en occupent.

Page 28 : 1. Le texte dit ici οἱ εἰς φιλοσοφίαν ἀνάγοντες. La traduction Cousin, après celle de Grou, porte : *de la manière dont l'étudient,* ou *dont je la vois traiter par ceux qui l'érigent en philosophie.* Il nous semble que Platon, ou bien marque par ces mots que, comme la géométrie, l'astronomie est une étude qui prépare l'esprit à la philosophie, ou qu'il fait allusion aux philosophes de l'école ionienne, cherchant l'explication du monde dans les éléments sensibles. Il est vrai que, dans cette école, les spéculations physiques, météorologiques, astronomiques et philosophiques étaient étrangement mêlées ; mais il ne semble pas qu'on puisse dire, ni que Platon ait voulu dire, que dans cette école l'astronomie était érigée en philosophie. Cette interprétation de M. l'abbé Grou et de M. Cousin, ne nous paraît pas sortir fort naturellement du texte grec.

— 2. Les traductions Grou et Cousin ajoutent « : que l'on acquière cette science en regardant en haut la bouche béante ou en baissant la tête et clignant les yeux. » Ce passage se rapporte au membre de phrase qui suit.

— 3. Voyez sur ce point toute la première partie du *Théétète.* C'est sur l'autorité de Platon et d'Aristote, et si on l'entend bien, sur l'autorité aussi de la raison, qu'est fondée la maxime souvent citée : *nulla est fluxarum rerum scientia,* dont la doctrine positiviste a pris aujourd'hui le contrepied.

Page 29 : 1. Que faut-il entendre par ces mots : le *vrai nombre* et les *vraies figures?* La même chose, croyons-nous, que par le vrai cercle, le cercle idéal, le cercle en soi, αὐτόκυκλον dont Platon parle dans le *Philèbe,* p. 58, et dans sa *Lettre* VII. Il y a trois cercles : celui qu'on trace sur un tableau et qu'on efface, et qui a tel ou tel rayon ; celui que définissent les géomètres et le cercle idéal, seul parfait, type et exemplaire des deux autres. Platon dirige contre les arithméticiens, les géomètres et les astronomes une double critique. Il les accuse d'abaisser leur science à de vulgaires applications et de s'arrêter à la considération subalterne des nombres, des figures et des mouvements sensibles. De même plus loin, il raillera les musiciens empiriques qui s'épuisent à la recherche de nouvelles nuances diatoniques, préférant l'autorité de l'oreille à celle de la raison. Tout en suivant même les pythagoriciens, il estime que leur point de vue est trop étroit, parce qu'ils s'arrêtent aux nombres mathématiques. Il y a pour Platon des nombres et des figures plus vraies qui sont les seuls objets dignes des philosophes.

Page 29 : 2. Voici la note du scholiaste grec de Platon sur ce passage : « Le véritable astronome, veut dire Platon, contemple, il est vrai, le ciel ouvert à tous les yeux, et, à cause de ses mouvements bien réglés, admire celui qui l'a construit (τὸν δημιουργόν); mais il jugerait absurde (ἄτοπο., hors de propos) de l'observer minutieusement et de penser constamment aux corps célestes qui se voient, et de chercher de toute façon, et par le menu, leurs divers mouvements. »

Page 30 : 2. Le mouvement des solides en révolution dans l'espace.

Page 31 : 1. Nous changeons ici la ponctuation ordinaire. Nous commençons la phrase par οἷον ἄρτι περὶ τῆς ἀστρονομίας ἐλέγομεν, ἢ οὐκ οἶσθ' ὅτι καὶ περὶ ἁρμονίας ἕτερον τοιοῦτον ποιοῦσι; On met généralement un point après ἐλέγομεν. Le passage que Platon rappelle ici est celui-ci : ὡς μὲν νῦν αὐτὴν (l'astronomie) μεταχειρίζονται οἱ εἰς φιλοσοφίαν ἀνάγοντες, πάνυ ποιεῖν κάτω βλέπιν. Le mot τοιοῦτον dans la phrase sur la musique paraît répondre au mot οἷον qui précède.

Page 32 : 1. Les pythagoriciens.

Page 33 : 1. Le texte de cette phrase n'est pas lu de la même manière par tous les critiques. Nous avons suivi le texte de Schneider : οὕτω καὶ ὅταν τις τῷ διαλέγεσθαι ἐπιχειρῇ, ἄνευ πασῶν τῶν αἰσθήσεων διὰ τοῦ λόγου ἐπ' αὐτὸ ὃ ἔστιν ἕκαστον ὁρμᾶν, καὶ μὴ ἀποστῇ, πρὶν ἄν. — La plupart des manuscrits portent ὁρμᾷ et non ὁρμᾶν, ce qui ne change pas le sens, car ὁρμᾶν est le complément de ἐπιχειρῇ, mais l'infinitif ὁρμᾶν est donné par Clément d'Alexandrie, il est vrai avec ἀποστατεῖν au lieu de ἀποστῇ.

— 2. Διαλεκτικὴ πορεία. Voy. dans le discours de Diotime

de Mantinée, dans le *Banquet*, le pendant de l'ascension dia·
lectique dans l'ascension de l'amour qui ne s'arrête que lorsque l'âme est arrivée à la beauté éternelle.

Page 34 : 1. De même, dans le *Banquet* : « Pour les derniers
des mystères de l'amour, fait dire Platon à Diotime de Mantinée, et pour les révélations les plus secrètes auxquelles
tout ce que je viens de te dire n'est qu'une préparation, je
ne sais trop si tu pourrais suivre même un bon guide. Toutefois je ne laisserai point de continuer, et il ne manquera
rien du moins à ma bonne volonté.... (*Banquet*, tr. Cousin,
p. 313-314.)

— 2. Ἀλλ' ὅτι μὲν δὴ τοιοῦτόν τι ἰδεῖν, ἰσχυριστέον. (Grou
et Cousin.) Ce qu'il s'agit de prouver, c'est qu'il existe
quelque chose de semblable. Ἰσχυριστέον veut dire affirmer
et non prouver. Platon dit, ce nous semble, qu'on peut
hésiter sur la question de savoir si le bien en soi est en
effet et réellement tel, mais non sur le fait qu'il apparaît quelque chose de semblable.

Page. 35 : 1. Τὰς ὑποθέσεις ἀναίρουσα ἐπ' αὐτὴν τὴν ἀρ-
χήν. Voyez la fin du VI⁰ livre. La dialectique élève jusqu'au
principe (ἀναίρω) les hypothèses qui lui servent seulement
de support, et comme de pont ou de tremplin à l'âme, pour
s'élancer jusqu'au sommet de la science. Dans le *Phédon*, on
lit ἀναφέρομεν τὰ ἐκ τῶν αἰσθήσεων ἐπὶ ταύτην, sous-entendu
οὐσίαν : preuve manifeste que ἀναίρουσα vient de ἀναίρω,
j'élève, et non de ἀναιρέω, j'enlève, j'écarte. M. Cousin traduit (p. 61) : *Il n'y a donc que la méthode dialectique qui,
écartant les hypothèses, va droit au principe.* Il nous semble que ce n'est pas le sens, et Platon, en effet, s'explique lui-même à la fin du VI⁰ livre de la *République* quand
il écrit que l'âme, par le dialectique, saisit immédiatement
les *idées*, en faisant des hypothèses qu'elle regarde comme
telles et non comme des principes, et qui lui servent de degrés
et de points d'appui pour s'élever jusqu'au premier principe
qui n'admet plus d'hypothèse.

Page 36 : 1. Voy. la fin du VI⁰ livre de la *République*, et
ce qui a rapport à la première division de l'ordre intelligible dont l'instrument est la διάνοια, intelligence discursive
ou connaissance raisonnée.

Page 36 : 2. Le texte de ce passage a été tourmenté par la critique. Cette parenthèse paraît une glose des copistes ou des anciens commentateurs, et semble parfaitement inutile. Glaucon répond : Il n'y a pas lieu de disputer, en effet. La glose, si la phrase qui suit en est une, veut dire en gros. Il suffit, pour la clarté, qu'on s'entende bien avec soi-même, Δηλοῖ est pris comme verbe intransitif. Nous avons suivi la leçon de Stallbaum.

— 3. « Soit, par exemple, une ligne coupée en deux parties inégales : coupe encore en deux chacune de ces deux parties qui représentent, l'une le monde visible, l'autre le monde intelligible ; et ces deux sections nouvelles représentant la partie claire et la partie obscure de chacun de ces mondes, tu auras, pour l'une des sections du monde visible, les images. J'entends par images, premièrement les ombres, ensuite les fantômes représentés dans les eaux et sur la surface des corps opaques, polis et brillants, et toutes les autres représentations du même genre. Tu vois ce que je veux dire ? — Oui. — L'autre section te donnera les objets que ces images représentent, je veux dire les animaux les plantes et tous les ouvrages de l'art et de la nature. — Je conçois cela. — Veux-tu qu'à cette division du monde visible, soit substituée celle du vrai et du faux, de cette manière : l'opinion est à la connaissance ce que l'image est à l'objet? — J'y consens. — Voyons maintenant comment il faut diviser le monde intelligible. — Comment? — En deux parts, dont l'âme n'obtient la première qu'en se servant des données du monde visible que nous venons de diviser, comme autant d'images, en partant de certaines hypothèses, non pour remonter au principe, mais pour descendre à la conclusion; tandis que, pour obtenir la seconde, elle va de l'hypothèse jusqu'au principe, qui n'a besoin d'aucune hypothèse, sans faire aucun usage des images, comme dans le premier cas, et en procédant uniquement des idées considérées en elles-mêmes. — Je ne comprends pas bien ce que tu dis. — Patience, tu le comprendras mieux après ce que je vais dire. Tu n'ignores pas, je pense, que les géomètres et les arithméticiens supposent deux sortes de nombres, l'un pair, l'autre impair, les figures, trois espèces d'angles, et ainsi du reste, suivant la démonstration qu'ils cherchent; que ces hypothèses une fois établies, ils les regardent comme autant de vérités que tout le monde peut reconnaître, et n'en rendent compte ni à eux-mêmes ni aux autres ; qu'enfin, partant de ces hypothèses, ils descendent par une chaîne non interrompue, de proposition en proposition, jusqu'à la proposition qu'ils avaient dessein de démontrer. — Pour cela, je le sais parfaitement. — Par conséquent, tu sais aussi qu'ils se servent de figures visibles, et qu'ils raisonnent sur ces figures, quoique ce ne soit point à elles qu'ils pensent, mais à d'autres figures représentées par celles-là. Par exemple, leurs raisonnements ne portent pas sur le carré ni sur la diagonale, tels qu'ils les tracent, mais sur le carré tel qu'il est en lui-même avec sa diagonale. J'en dis autant de toutes sortes de formes qu'ils représentent, soit en relief, soit par le dessin, et qui ont aussi leurs images, soit dans l'ombre, soit dans le reflet des eaux. Les géomètres les emploient comme autant d'images, et sans considérer autre chose que ces autres figures dont j'ai parlé, qu'on ne peut saisir que par la pensée. — Tu dis vrai. — Ces figures, j'ai dû les ranger parmi les choses intelligibles, et je disais que pour les obtenir, l'âme est contrainte de se servir d'hypothèses, non pour aller jusqu'au premier principe, car elle ne peut remonter au delà de ses hypothèses ; mais elle emploie les images qui lui sont fournies par les objets terrestres et sensibles, en choisissant toutefois parmi ces images, celles qui, relativement à d'autres sont regardées et estimées comme ayant plus de netteté. — Je conçois que tu parles de ce qui se fait dans la géométrie et dans les autres sciences de cette nature. — Conçois à présent ce que j'entends par la seconde division des choses intelligibles. Ce sont celles que l'âme saisit immédiatement par la dialectique, en faisant des hypothèses qu'elle regarde comme telles, et non comme des principes, et qui lui servent de degrés et de points d'appui pour s'élever jusqu'à un premier principe qui n'admet plus d'hypothèse. Elle saisit ce principe, et s'attachant à toutes les conséquences qui en dépendent, elle descend de là jusqu'à la dernière conclusion, repoussant toute donnée sensible, pour s'appuyer uniquement sur des idées pures, par lesquelles sa démonstration commence, procède et se termine. — Je comprends un peu, mais pas encore suffisamment. Il me semble que tu nous exposes là un point qui abonde en difficultés ;

tu veux, ce semble, prouver que la connaissance qu'on acquiert par la dialectique de l'être et du monde intelligible est plus claire que celle qu'on acquiert par le moyen des arts, qui ont pour principes des hypothèses, qui sont bien obligés de se servir du raisonnement et non des sens, mais qui, fondés sur des hypothèses, ne remontant pas au principe, ne te paraissent pas appartenir à l'intelligence, bien qu'ils devinssent intelligibles avec un principe; et tu appelles, ce me semble, connaissance raisonnée, celle qu'on acquiert au moyen de la géométrie et des autres arts semblables, et non pas intelligence, cette connaissance étant comme intermédiaire entre l'opinion et la pure intelligence. — Tu as fort bien compris ma pensée. Reprends maintenant les quatre divisions dont nous avons parlé et applique-leur ces quatre opérations de l'âme, savoir, au plus haut degré l'intelligence pure; au second, la connaissance raisonnée; au troisième, la foi; au quatrième, la conjecture; et classe-les de manière à leur attribuer plus ou moins d'évidence, selon que leurs objets participent plus ou moins à la vérité. — J'entends, je suis d'accord avec toi et j'adopte l'ordre que tu me proposes. » (*Républ.*, liv. VI, traduction Cousin, t. X, p. 58 et suiv.)

C'est par ces pages que se termine le liv. VI de la *République.* — Ce passage est essentiel pour l'intelligence de la théorie de la connaissance et la théorie de la dialectique. C'est pour cela que nous avons cru indispensable de l'insérer ici tout entier. On y voit que Platon donne le nom d'*arts* à la géométrie et aux sciences semblables. C'est à un passage de ce morceau qu'il renvoie également quand il dit que précédemment il a appelé connaissance raisonnée celle qu'on doit à la géométrie.

Page 37 : 1. Ὥσπερ γραμμάς. Euclide, liv. X, appelle ἄλογοι les lignes qui ne sont pas exactement commensurables par telle autre ligne donnée. On les appelle plus ordinairement ἀσύμμετροι. Or on comprend mal qu'on puisse comparer un esprit incapable de rendre compte de ses pensées à une ligne incommensurable. Stallbaum propose de lire γραφὰς ἀλόγους, des hommes en peinture. La leçon est finement trouvée. *Truncoque simillimus hermæ*, dit Juvénal.

Page 38 : 1. Le scholiaste grec explique ce mot αὔξατον

par plusieurs termes : ἰσχυρόν, fort, vigoureux; στερεόν, solide; δυσκίνητον, ferme, constant, persévérant.

Page 39 : 1. Οὐ κατ' ἀξίαν αὐτῆς. M. Cousin traduit sans avoir : « qualité pour cela. » — Le sens nous paraît être un peu différent.

Page 41 : 1. Ce même mot de Solon est encore cité dans le *Lachès*. Il se trouve aussi dans les Apophtegmes des sages, parmi les maximes attribuées à Solon. Le scholiaste grec cite le mot : γηράσκω δ'ἀιεὶ πολλὰ διδασκόμενος.

— 2. Platon écrit ici παισὶν οὖσι. Un peu plus bas, il fait entendre que c'est après la vingtième année qu'ils seront soumis à ce régime, et seulement après les exercices gymnastiques compatibles avec la pratique des sciences, lesquelles, dit-il, sont ennemies de la fatigue et du sommeil : κόποι γὰρ καὶ ὕπνοι μαθήμασι πολέμιοι (ch. XVI).

— 3. Voyez *République*, livre V.

Page 42 : 1. Trad. Grou :« qu'ils auront étudiées en détail.» Trad. Cousin : « étudiées isolément. » L'expression grecque χύδην, est traduite par Schneider par le mot *fusé*.

— 2. Glaucon nous paraît vouloir dire ici que la mémoire laisse échapper aisément le détail et les particularités des sciences, mais que les principes généraux qui les relient une fois qu'ils ont été bien compris, demeurent plus fermes et constituent le fonds d'un esprit cultivé.

Page 43 : 1. Ἐπ' αὐτὸ τὸ ὂν μετ' ἀληθείας ἰέναι. Trad. Cousin : « ne pourront s'élever jusqu'à la connaissance de l'être par la seule force de la vérité. »

Page 45 : 1. Ἐλθὸν ἐρώτημα ἔρηται, prosopopée souvent imitée. Lucrèce plus hardi encore :

> Tunc aliis oppressa malis in pectore cura
> Illa quoque expergefactum caput erigere infit,
> Ecquæ tanta deum nobis immensa potestas
> Sit, vario motu quæ candida sidera verset.

Page 46 : 1. Οὐκοῦν ἵνα μὴ γίγνηται.... Cette phrase à deux sens à peu près acceptables également, selon la ponctuation qu'on adopte. En effet, si l'on place la virgule après ἔλεος οὗτος, le sens sera : « Si tu veux les garder d'une pitié semblable, il te faudra user de grandes précautions à l'égard de tes hommes de trente ans, avant de leur permettre de toucher, à la dialectique. » — Si, au contraire, avec Bekker, qui a le premier proposé cette leçon, avec Hermann, Schneider et Stallbaum, qui l'ont suivi, on supprime la virgule après οὗτος et qu'on la place après σοί, il faudra traduire : « Or si tu veux qu'une pareille pitié n'atteigne pas tes élèves de trente ans, il faut user de grandes précautions dans la pratique de la dialectique. » Cette dernière leçon nous semble préférable.

Page 47 : 1. Ἀριστεύσαντας.... ἐν ἔργοις. Trad. Grou : « se seront distingués dans toute leur conduite. » Trad. Cousin : « se seront distingués dans la vie. » — Il s'agit, croyons-nous, de la vie publique, du maniement des intérêts généraux opposé aux spéculations de l'esprit.

Page 48 : 1. Socrate se retourne ici vers les témoins de sa discussion avec Glaucon et s'adresse à tous les auditeurs.

— 2. La traduction Cousin et Grou, qui si souvent ne font qu'une, ont ici : *entreprendront la réforme de l'État.* Il nous paraît que ce n'est pas tout à fait le sens. Il ne s'agit pas de réformer un État existant et constitué, il s'agit d'en établir un nouveau, pour ainsi dire sur table rase.

FIN DES NOTES.

15152 — Typographie Lahure, rue de Fleurus, 9, à Paris.

www.ingramcontent.com/pod-product-compliance
Lightning Source LLC
Chambersburg PA
CBHW072035080426
42733CB00010B/1893